雅学堂
第二辑
丛书·刘进宝 主编

半枰小草

李锦绣 著

读者出版传媒股份有限公司
甘肃文化出版社
甘肃·兰州

图书在版编目（ＣＩＰ）数据

半枰小草 / 李锦绣著. -- 兰州 : 甘肃文化出版社,
2024.6
　（雅学堂丛书 / 刘进宝主编. 第二辑）
　ISBN 978-7-5490-2984-6

　Ⅰ. ①半… Ⅱ. ①李… Ⅲ. ①史学－中国－文集
Ⅳ. ①K207-53

中国国家版本馆CIP数据核字(2024)第107301号

半枰小草
BANPING XIAOCAO
李锦绣｜著

策　　　划｜郧军涛　周乾隆　贾　莉
项 目 负 责｜鲁小娜
责 任 编 辑｜李　园
装 帧 设 计｜石　璞

出 版 发 行｜甘肃文化出版社
网　　　址｜http://www.gswenhua.cn
投 稿 邮 箱｜gswenhuapress@163.com
地　　　址｜兰州市城关区曹家巷1号／730030(邮编)

营 销 中 心｜贾　莉　　王　俊
电　　　话｜0931-2131306

印　　　刷｜兰州新华印刷厂
开　　　本｜880毫米×1230毫米　1/32
字　　　数｜193千
印　　　张｜8.875
印　　　数｜1~3000册
版　　　次｜2024年6月第1版
印　　　次｜2024年6月第1次
书　　　号｜ISBN 978-7-5490-2984-6
定　　　价｜68.00元

学术的传承与人格的养成（代序）

甘肃文化出版社2023年7月出版的"雅学堂丛书"共10本，即方志远《坐井观天》、王子今《天马来：早期丝路交通》、孙继民《邯郸学步辑存》、王学典《当代中国学术走向观察》、荣新江《三升斋三笔》、刘进宝《从陇上到吴越》、卜宪群《悦己集》、李红岩《史学的光与影》、鲁西奇《拾草》、林文勋《东陆琐谈》。由于这套丛书兼具学术性、知识性和可读性，从而得到了学界和社会的认可。2023年7月27日，在济南举办的第31届全国图书博览会上，读者出版传媒股份有限公司举行了"雅学堂丛书"新书首发暨主题分享会。全套丛书入选"2023甘版年度好书"；丛书之一的《当代中国学术走向观察》入选2023年9月《中华读书报》月度好书榜，并被评为"2023年15种学术·新知好书"。《光明日报》《中华读书报》《中国新闻出版广电报》《中国出版传媒商报》《甘肃日报》等，都发表了书评或报道，认为"雅学堂丛书""直面一个时代的历史之思"，被誉为"系统呈现了一代学人的学术精神"，"真实反映了一代学人把个人前途与国家命运紧密联系在一起严谨治学的点滴，诠释了一代学人的使命与担当"。"雅学堂丛书""既是视角新颖的学术史，也是深刻生动的思想史，更是一代学人的心灵史"。"丛书坚持'大家小书'的基本思路，将我国人文社科领域学术大家的学术史、思想史、学术交流史及其最新成果，以学术随笔形式向大众传播，让大众了解学界大家的所思、所想、所悟。"

一

鉴于"雅学堂丛书"出版后的社会影响，以及在学术界引起的关注，出版社希望能够继续编辑出版第二辑。经过仔细考虑和筛选，我们又选了十家，即樊锦诗《敦煌石窟守护杂记》、史金波《枕朝拾穗集》、刘梦溪《东塾近思录》、郑欣淼《故宫缘》、陈锋《珞珈山下》、范金民《史林余纪》、霍巍《考古拾贝》、常建华《史学鸿泥》、赵声良《瀚海杂谈》、李锦绣《半枰小草》。这些作者都是有影响的人物，他们的研究成果分别代表了各自领域学术研究的前沿。

在考虑第二辑作者的人选时，我想既要与第一辑有衔接，又要有不同。在反映一个时代的学术走向时，还要看到学术的传承，乃至人格的养成。

已经出版的"雅学堂丛书"10位作者是以"新三级"学人为主，而"新三级"学人在进入学术场域的20世纪70年代末80年代初，随着"科学的春天"到来，大学及研究生招生和教学逐渐走上正轨，加上学位制度的实施，到处洋溢着积极向上的氛围。我们的老师中既有20世纪初出生的老先生，也有30年代出生的中年教师。

老一代学者，由于从小就受到比较严格的家学熏陶或私塾教育，在民国时期完成了系统的学业，他们都有比较宽广的视野，学术基础扎实，格局比较大，因此在学术方法、理念和格局上，无意中承传了一个良好传统。"新三级"学子与他们相处，可以得到学识、做人、敬业各方面的影响。尤其是跟随他们读书的研究生，直接上承民国学术，站在了巨人的肩膀上。

为了反映学术的传承，我特别邀请了樊锦诗、史金波、刘梦溪、郑欣淼4位80岁左右的学人。他们的研究各具特色，樊锦诗先生的敦煌石窟保护与研究、史金波先生的西夏历史文化研究、刘梦溪先生以学术史和思想史为重点的文史之学、郑欣淼先生的故宫学研究，都代表了各自领域学术研究的前沿。

由于有了第一辑出版后的社会影响，第二辑约稿时，就得到了各位作者的积极响应，很快完成了第二辑的组稿编辑。

二

樊锦诗先生的《敦煌石窟守护杂记》收录了作者有关敦煌文化的价值、敦煌石窟保护研究的历程，敦煌石窟的保护、管理与开放和向前贤学习的文章26篇。作者写道："此生命定，我就是个莫高窟的守护人，故此我把这本书称为《敦煌石窟守护杂记》。希望本书能为后续文化遗产保护、研究、弘扬和管理事业起到一点参考的作用。"

刘梦溪先生的《东塾近思录》，按类型和题意，收入了4组文章：一、经学和中国文化通论；二、魏晋、唐宋、清及五四各时期的一些专题；三、对王国维、陈寅恪、马一浮的个案探讨；四、序跋之属。刘梦溪先生说："'雅学堂丛书'已出各家，著者都是时贤名素，今厕身其间，虽不敢称雅，亦有荣焉。"

郑欣淼先生是"故宫学"的倡导者，他曾任故宫博物院院长，并于2003年首倡"故宫学"。到2023年编辑本书时，恰好是整整20年。郑先生提出："故宫学是以故宫及其历史文化内涵为研究对象，集保护、整理、研究与展示为一体的综合性学问和开拓性学科。故宫学的提出有其丰厚而坚实的基础与依据。它的研究对象不仅丰富深邃，而且研究对象之间存在着不可分割的紧密关系，即故宫是一个文化整体，或者说故宫遗产的价值是完整的。正是基于对故宫是个文化整体的认识，故宫学的学术概念才有了更为丰富、厚重与特殊的内涵。这也是故宫学的要义。"又说："我与故宫有缘。因此我把这本小书起名为《故宫缘》。"

热爱考古的霍巍先生说："就像一个大山里来的孩子初见大海，充满了蔚蓝色的梦想，却始终感觉到她深不可测，难以潜入。更多的时候，只能伫立在海边听涛观海、岸边拾贝。——正因为如此，这本小书我取名为《考古拾贝》，这一方面源自我在早年曾读到过一本很深沉、很有美感的著作，叫作《艺海拾贝》，这或许给了我一个隐寓和暗示。另一方面，倒也十分妥帖——我写下的这些文字，时间跨度前后延续了几十年，就如同我在考古这瀚海边上拾起的一串串海贝一样，虽然说不上贵重，但自认为透过这些海贝，也能折射出几缕大海的色彩与光芒，让人对考古的世界浮想联翩。"

常建华先生说："我从事历史普及读物的写作，出版过《中国古代岁时节日》《中国古代女性婚姻家庭》《清朝大历史》《乾隆事典》等书。本书的首篇文章就是谈论如何认识普及历史知识的问题。我写过一些学术短文，知道此类文字写得深入浅出不易，引人入胜更难，自己不过是不断练笔，熟能生巧而已。""我的短文随笔成集，这是首次……内容多为学术信息类的书评，也有书序、笔谈、综述、时评等，题材不同，但尽量写得雅俗共赏，吸引读者。"

赵声良先生1984年大学毕业后志愿到莫高窟研究敦煌，他说："我在敦煌工作了40年，我的工作、我的生活都与敦煌石窟、敦煌艺术、敦煌学完全联系在一起了，不论是写文章还是聊天，总免不了要说敦煌，可以说'三句话不离敦煌'。"他刚到敦煌时就想写一本有关敦煌山水画史的著作，没想到30多年后的2022年，才在中华书局出版了《敦煌山水画史》。他感叹道：这本书的写作过程，"似乎也见证了：由'看山是山，看水是水'，发展到'看山不是山，看水不是水'，最后，又终于回归到'看山还是山，看水还是水'的历程。我在敦煌的40年的历程又何尝不是这样"。

"雅学堂丛书"第二辑的10位作者，年龄最大的樊锦诗先生，出生于1938年，已经是86岁的高龄；最小的李锦绣先生，出生于1965年，也接近60岁了。虽然他们已经或即将退休，但都以"时不我待"的紧迫感，仍然奋斗在学术前沿，展现了这一代学人的使命与担当。这代学人遭遇了学术上的重大转变，即20世纪80年代，是一个思想的时代。90年代初，思想淡出、学术凸显，王国维、罗振玉和傅斯年派学人、胡适派学人成为学界关注的重点，然后又提出有思想的学术与有学术的思想，还遇到了令史学界阵痛的"史学危机"。这些作者，经历了现代学术发展或转型的重要节点和机遇，既是"科学的春天"到来的学术勃兴、发展、转型和困顿的亲历者、见证者，又是身处学术一线的创造者、建设者。可以说，他们既在经历历史，又在见证历史、创造历史，还在研究历史，将经历者、创造者和研究者集于一身。这种学术现象，本身就值得我们思考和探讨。

三

从"雅学堂丛书"第二辑的内容可知，20世纪80年代初，伴随着"科学的春天"和改革开放的到来，束缚人的一些制度、规章被打破，新的或更加规范的制度、规章还没有建立。尤其是国家将知识分子从"臭老九"中解放出来，成为工人阶级的一部分。要"向科学技术进军"，实现四个现代化，就要充分发挥知识分子的作用。虽然当时经济落后，生活待遇不好，但老教授的社会地位高，有精气神，当时行政的力量还不强化，甚至强调就是服务。在这种背景下，20世纪初出生的老教授，在高校有崇高的地位。如武汉大学1977级的陈锋，1981年初预选的本科论文是《三藩之乱与清初财政》。历史系清史方面最著名的老师是彭雨新教授，陈锋想让彭先生指导论文，"不巧的是，在我之前已有两位同学选定彭先生做指导老师，据说，限于名额，彭先生已不可能再指导他人"。

陈锋经过准备后，就直接到彭先生府上请教。此前他还没有见过彭先生，到了彭先生家，"彭先生虽然很和蔼地接待我，但并没有像后来那样让我进他的书房，而是直接在不大的客厅里落座。我没有说多余的其他话，直接从当时很流行的军用黄色挎包里掏出一摞卡片，说我想写《三藩之乱与清初财政》的毕业论文，这些卡片可以说明什么问题，那些卡片可以说明什么问题，我自己一直讲，彭先生并不插话。待我讲完后，彭先生问：'这个题目和这篇论文是谁指导的？'我说没有人指导，是自己摸索的。彭先生说：'没有人指导，那我来指导你的毕业论文怎么样？'我说：'就是想让先生指导，听说您已经指导了两位同学，不敢直接提出。'彭先生说：'没有关系，就由我来指导。'再没有其他的话"。

"拜访彭先生后的第三天，系里主管学生工作的刘秀庭副书记找我谈话，问我想不想留校，我说没有考虑过，想去北京的《光明日报》或其他报社。刘书记说：'彭先生提出让你留校当他的助手，你认真考虑一下。'经过两天的考虑以及家人的意见，觉得有这么好的老师指导，留校从事历史研究也是不错的选择，于是决定留校工作"。"老师与学生之间这种基于学术的关系，对学生向学的厚爱，让我铭感终身。那时人际关系的单纯，也至今让我感叹，现在说来，似乎有点天方夜谭"。

南京大学1979级的范金民，1983年毕业时报考了洪焕椿先生的研究生。由于此前范金民还没有见过洪先生，也与他无任何联系，所以5月3日下午，是"吕作燮老师带我到达先生家"面试的。洪焕椿先生既未上过一天大学，当时又已是胃癌晚期。"如果按现在只看文凭和出身的做法，是不可能指导研究生的，又重病在身，不可能按现在的要求，在固定的时间和固定的地点上固定的课程。但先生指导研究生，一板一眼，自有一套，考题自出，面试自问，课程亲自指导，决不委诸他人。一年一个研究生，每人一本笔记本，记录相关内容。先生虽不上课，但师生常常见面，虽未定规，但学生大体上两周一次到他家请益，先生释疑解惑，随时解决问题。需查检的内容，下次再去，先生已做好准备，答案在矣。"

笔者也是1979级的甘肃师范大学学生，1983年毕业前夕，敦煌学方兴未艾，西北师范学院（甘肃师范大学1981年恢复原校名西北师范学院）成立了敦煌学研究所，我非常幸运地被留在新成立的敦煌学研究所。1985年我报考了金宝祥先生的研究生，当初试成绩过线后，有一天历史系副主任许孝德老师通知，让我去金先生家面试。由于金先生给我们上过课，平时也曾到先生家问学，先生对我有一定的了解。当我到金先生家时，先生已在一张信纸上写了半页字的评语，让我看看是否可以。我说没有问题，先生就让我将半页纸的复试意见送到研究生科，我就这样被录取为硕士研究生了。这种情况正如陈锋老师所说，在今天根本是不可能的，简直就是天方夜谭。

“雅学堂丛书”的宗旨是学术性、知识性、可读性并具。要求提供可靠的知识，如我们读书时曾听到过学界的传言，即在“批林批孔”时，毛泽东主席说小冯（冯天瑜）总比大冯（冯友兰）强，但不知真伪，更不知道出处。陈锋的书中则有明确的记述：“当时盛传毛泽东主席的指示‘小冯比老冯写得好’。据后来出版的正式文献，当年毛泽东主席指示原文为：‘要批孔。有些人不知孔的情况，可以读冯友兰的《论孔丘》，冯天瑜的《孔丘教育思想批判》，冯天瑜的比冯友兰的好。’”“我对当时冯先生在而立之年就写出《孔丘教育思想批判》（人民出版社1975年出版），感到好奇；对毛主席很快看到此书，并作出指示，更感到好奇。”

范金民老师笔下的魏良弢先生，不仅对学术之事非常认真，还活灵活现地展现了20世纪90年代中期的学术生态。“20世纪90年代中期，我们明清史方向有位硕士生论文答辩，我请他主持。临答辩时，他突然把我叫到过道对门的元史研究室，手指论文，大发雷霆道：‘你看看，你看看，什么东西，你们明清史是有点名气的，可照这样下去，是要完蛋的！’我一看，原来是硕士学位论文中有几处空缺。当时论文都是交外面的誊印社用老式中文打字机打印，有些冷僻字无法打印，只能手书填补。我曾审读过某名校的博士学位论文，主题词郑鄤之‘鄤’，正文中几乎全是空缺，我好像还是给了‘良’的等级。答辩时，我结合论文批评了那位学生做事不求尽善尽美而是草率粗放，而且论文新意殊少，价值不大，学生居然感觉委屈，犟在那里不愿出场回答问题。本科生、研究生批评不得，至迟从那个时候就开始了，世风日下，遑论现在!"

这样知识性、可读性兼具的文字在各位作者的论著中比比皆是，自然能得到大家的喜爱。

"雅学堂丛书"的作者都是一时之选，各书所收文章兼具学术性、知识性和可读性，可谓雅俗共赏。希望第二辑的出版不辜负读者的期待。这样的话，可能还有第三辑、第四辑，乃至更多辑。

最后，感谢各位作者的信任，将他们的大著纳入"雅学堂丛书"；感谢具有出版魄力、眼光的郧军涛社长的积极筹划，感谢周乾隆、鲁小娜率领的编辑团队敬业、认真而热情的负责精神，既改正了书中的失误，还以这样精美的版式呈现给读者。

刘进宝

2024 年 4 月 24 日初稿

2024 年 5 月 9 日修改

目 录

唐诗与唐史 …………………………………………001

唐代的"飞钱" …………………………………………009

《唐代财政史新编》读后 …………………………………014

清木场东著《帝赐的构造·唐代财政史研究·支出编》

　书评 …………………………………………………020

敦煌文书中的谱牒写本 …………………………………030

古代"丝瓷之路"的开拓与变迁 …………………………037

行到安西更向西：隋唐时期丝绸之路的开发 …………044

银币贸易圈与白银贸易圈：丝绸之路上的萨珊银币 ……050

萨珊银币见证中西文化交流 ……………………………057

从中亚到内陆欧亚：中外关系史研究室发展回顾 ………064

孙毓棠先生与中外关系史研究室 ………………………090

敦煌吐鲁番学与内陆欧亚学 ……………………………108

《20世纪内陆欧亚历史文化研究论文选粹》前言 ………116

"内陆欧亚历史文化"国际学术研讨会总结 ……………124

"首届全国德都蒙古历史文化学术研讨会"致辞 ………133

《欧亚学刊》第9辑编后记 ………………………………137

当代的安藏——彼德·茨默教授访谈录 ·········· 140

古史新篇：吉尔吉斯历史文化研究 ·········· 159

王永兴先生事略 ·········· 185

《王永兴说隋唐史》编后记 ·········· 195

《唐代经营西北研究》编后记 ·········· 196

《唐代土地制度研究》编后记 ·········· 200

《敦煌吐鲁番出土唐代军事文书考释》编后记 ·········· 203

一本迟到的小书：写在《隋唐审计史略》出版之后 ·········· 208

购戴裔煊先生藏书杂感 ·········· 216

一颗读书人的心 ·········· 222

最后的"宝台山子"：怀念任又之先生 ·········· 231

承前启后，继绝扶衰：怀念蔡鸿生先生 ·········· 248

徐弛《声闻荒外：巴彦诺尔唐墓与铁勒考古研究》序 ·········· 264

后记 ·········· 271

唐诗与唐史

唐代是诗的国度。盛极一时的文治武功，繁荣的经济，强盛的国力与开放包容、兼收并蓄的文化政策，为唐诗发展提供了社会环境、物质基础和精神力量。尤其是科举制度中以诗赋取士，使唐代举国上下投入诗歌创作中。唐诗在继承古代优秀诗歌传统、融合南北文化的基础上，发展至中国古代诗歌文学的巅峰。清代彭定求等编《全唐诗》，收录唐诗近5万首，扣除误收重收篇目，在45000首左右。近代学者续有增补，尤其是利用敦煌文书、域外汉籍、出土文献、佛道二藏及传世善本辑佚，蔚为大观。据陈尚君先生统计，增补佚诗达8000首。

一、诗之将史

诗是文学作品，也是时人社会生活和思想感情的记录，章学诚主张"六经皆史"，即将《诗经》视为史料。而唐诗则更为全面地反映了唐代社会现实。唐代诗人及诗歌影响不仅局限于士大夫阶层，这是魏晋南北朝诗所没有的特点。白居易诗往往题于"乡校、佛寺、逆旅、行舟之中"，每每咏于"士庶、僧徒、孀妇、处女之口"①；而贩夫走卒、引车卖浆者流也深受唐诗熏染，甚至远在吐鲁番地区一所佛寺学习的年仅12岁的私学生卜天寿，也随手写下了"书写今日了，先生莫嗔迟（嫌迟）。明朝是贾（假）日，早放学生归"②的小诗，可见唐诗作者的广泛性。唐诗反映了唐社会各阶层的思想和生活状况，内容之丰富，前无古人。

唐代的诗歌创作，一反六朝风靡之宫体，力主复古，主张诗为合事而作，重振歌咏现实之风。中唐以后，尤其是经过古文运动，唐代文学呈现出文风尚实、尚俗的新气象，出现了"文之将史"的趋势，唐代文学作品也成为直接反映历史演变，反映民生疾苦、讽喻时弊的纪实文献。刘知几在《史通》中主张"文之为用，远矣，大矣"，"文之将史，其流一焉"。事实上，不仅"文之将史"，唐诗也呈现出历史化的趋势。杜甫"逢禄山之难，流离陇蜀，毕陈于诗，推见至隐，殆无遗事，故当时号为诗史"。他的"三吏"（《新安吏》《潼关吏》《石壕吏》）、"三别"（《新婚别》《垂老别》《无家别》）、"两哀"（《哀王孙》《哀江头》）、"两悲"（《悲陈陶》《悲青坂》），以及《丽人行》《兵车行》《自京赴奉先县咏物五百字》《北征》《洗兵马》《八哀诗》《诸将五首》等，均是反映安史之乱时期唐代历史的名篇，记录了唐代由盛至衰、唐代历史由前期到后期发展转折中的政治、军

①〔唐〕白居易：《与元九书》，《白居易文集校注》卷八，中华书局，2017年，第325页。

②唐长孺主编：《吐鲁番出土文书》图文版叁，文物出版社，1996年，第582—583页。

事、民族、社会大事，脍炙人口。而白居易更是将古文运动扩展到诗歌领域。他的划时代诗作《新乐府》，布局谋篇更是一本《实录》体制，以时代为序：自《七德舞》至《海漫漫》四篇，叙述唐太宗功业；自《立部伎》至《新丰折臂翁》五篇，专论玄宗朝事；自《太行路》至《缚戎人》等十一篇，论德宗朝事；自《骊宫高》至《采诗官》三十篇，大抵论宪宗朝事。因此陈寅恪先生称《新乐府》结构严谨、用意深密，为古今中外不可多得的"文学伟制"①。《新乐府》以诗的形式记录唐代的兴衰变化，是"诗史"的最高境界。而唐诗能够广泛流行于古今中外，更在于这种真实性和现实性。

二、"以诗证史""以史证诗"

从历史的角度看，唐诗记录了唐代政治、经济、社会、军事、外交、思想、文化方方面面，举凡唐代一切社会现象，都能在唐诗中找到描写文字。因而"以诗证史""以史证诗"成为唐史、唐诗研究的途径。这不但扩大了唐史研究的史料范围，通过诗歌特有的铺陈描写细致勾画特点，将唐史研究推向深入；而且作为诗歌诠释方法，结合历史事实深入阐释诗意并还原诗人创作的真实意蕴，揭示诗歌的深层内涵，使千年后之人对诗人具有"了解之同情"，更易于对诗歌的理解和欣赏，更准确把握文本的意义，也使唐代文学史

---

①陈寅恪：《元白诗笺证稿》，上海古籍出版社，1978年，第127页。

研究别开生面。

明末清初钱谦益诠注杜甫诗时，就使用了"以诗证史""以史证诗"的方法。他以唐代史事与杜诗相互参证，以诗文所蕴含的史料来考察史实，钩沉索引；通过考订历史事实确立杜诗的写作背景，烛照幽微，更深刻阐发杜甫创作的真情实感，诚为杜氏功臣。这种诗史互证的实证方法，也成为诗歌阐释的一种新方法。

用唐诗补正史之不足，将"以诗证史"视为历史研究之法，亦见于清末杨钟羲的《雪桥诗话》中。近代学人则将之发扬光大。1908年，刘师培著《读全唐诗发微》（《国粹学报》46）一文，以唐诗证唐代政治史。他指出："《全唐诗》中所载感时伤世之诗，均可与史书互证。如杨炯《和刘长史答十九兄》诗，言刘延嗣官润州为徐敬业所执也。岑参《骊姬墓下（作）》诗，言武惠妃之事也。"他还探索了一些唐代咏史诗的"今典"，如高适《辟阳城》、祖咏《古意》、李巎《读前汉书外戚传》、白居易《思子台有感》、郑还古《望思台》、许浑《读庚太子传》、温庭筠《四皓》、权德舆《读谷梁》、李华《咏史》、王翰《飞燕篇》、罗隐《咏史》、韩偓《有感》《观斗鸡》等，认为涉及杨贵妃、李怀光之叛、文宗废太子、懿宗朝驸马韦保衡恃恩而败、昭宗朝藩镇之祸等史实，"汇而观之，可以考见唐代之秘史矣"。①

陈寅恪先生将"以诗证史"的方法运用至前无古人的高

① 《国粹学报》第46号，1908年。收入刘师培：《刘申叔遗书·左盦外集》，江苏古籍出版社，1997年，第1658页。

度，其著《元白诗笺证稿》即集大成的典范之作。他认为，中国诗虽短，却包括时间、人事、地理三点。中国诗既有此三特点，故与历史发生关系。他的"以诗证史"之法，即综合起来，用一种新方法，将各种诗结合起来，证明一件事。甚而更进一步，把所有分散的诗集合在一起，对于时代人物之关系、地域之所在、按照一个观点连贯起来研究，以之说明一个时代之关系，纠正一件事之发生及经过，补充和纠正历史记载之不足。在众多唐代诗人中，他专就元白诗写成专著，因为白居易之诗"为君、为臣、为民、为事而作，不为文而作"。

陈寅恪先生笺证元白诗的成就是多方面的，他不但诗史互相阐发，诠释古典、今典，使元白诗每句得以确解，更着眼于文学演变及社会风俗变革的大背景，深入地探讨元白诗所反映的唐代政治事件，经济、财政现象和社会风俗及思想文化发展演变诸端。如通过分析《琵琶行》中的白居易、《莺莺传》中的元稹，指出唐士大夫风习；通过《连昌宫词》"老翁此意深望幸，努力庙谋休用兵"句，分析元稹与宦官勾结及牛李两党对销兵的态度；通过《法曲》诗论尊王攘夷理论成为古文运动指导思想与安史叛乱的关系；通过《红线毯》《缭绫》论唐后期江南纺织业生产的发展；通过《阴山道》指出唐与回纥绢马贸易的本质，等等，均"较乾嘉诸老，更上一层"。其中，影响最为深远的是通过解析元稹身世，提出"通体之社会升降理论"，即："纵览史乘，凡士大夫阶级之转移升降，往往与道德标准及社会风习之变迁有关。当其新旧蜕嬗之间际，常呈一纷纭错综之情态，即新道德标准与旧道德标准、新社会风习与旧社会风习并存杂用，各是其是，而互非其非也。"①这是陈寅恪先生概括的中国历史演变"通识"，这一规律及其意义，已不仅局限于唐朝或中国古代史了。陈寅恪先生的"以诗证史"，是将唐诗中的时间、人事、地理提取出来进行整合分析，将以诗歌所描写现象，还原至唐代政治经济社会制度大背景的历史，这不仅需要娴熟深厚的文史修养，更要有现代社会科学理论体系在焉。因此陈寅恪先生"以诗证史"之法所体现的开创性和前瞻性，对唐代史学和诗学的研究，都具有深远意义。

三、唐诗在唐史研究中的作用

陈寅恪先生极注重唐诗，尤其是唐后期诗人之作。在读《旧唐书》《新唐书》札记中，他随手注引元稹、白居易、卢纶、杜甫、张祜、杜牧、李德裕、徐凝、韩愈、贾岛、王建等多人诗句，而对李商隐、韩偓等人诗及韦庄《秦妇吟》等，或撰文笺释，或详为批注，或一一考释。他在中山大学开设唐史课，应参考的资料第二项就是《全唐文》与《全唐诗》，仅位于《新唐书》与《旧唐书》之后，这是因为，"将唐诗加以有系统的研究，可以成为极好的史料"。

关于唐诗在唐史研究的作用，陈寅恪先生列举了五个方面，即：纠正错误，说明真相，别备异说，互相证发与增补阙漏。唐诗咏事者甚多，年月事例具体，往往可以提供确切

①陈寅恪：《元白诗笺证稿》，上海古籍出版社，1978年，第82页。

的史料，校正史籍记载的讹误。历代所修的正史都是官书，不免为尊者讳、为贤者讳，使后世读者不能明了历史真相；唐诗或直抒胸臆，或感时伤世，更能揭橥历史真相，以见一时之风气。正史记事，一般只取一说，《通鉴考异》排比众说，仍限于一些史籍的异闻，至于社会上的传说，未能尽录。唐诗很多是纪事的，较多记录了民间传说，提供了更为新鲜的史实，能起备异说的作用。诗歌与史籍可以互证，通过诗歌中反映史实与意境，可以进一步勾勒历史事件与环境情景。唐后期，尤其是武宗以后，《实录》不甚完备，历史记载多所缺漏，唐诗可增补之处甚多。基于以上五点，唐诗成为研究唐代历史研究不可或缺的资料。①

经过前辈学者的弘扬和阐发，诗史互证，成为唐史研究的基本方法。唐史研究者将唐诗视为必读资料，进一步从多方面挖掘唐诗的巨大价值。从1958年中国舞蹈艺术研究会舞蹈史研究组编辑的《全唐诗中的乐舞资料》，到2006年卢华语撰著的《〈全唐诗〉经济资料辑释与研究》，再到2020年出版的石云涛著《唐诗镜像中的丝绸之路》，《全唐诗》中丰富的关于乐舞、经济与丝绸之路的诗句，得到系统整理和解读。而近年来发表的以唐诗研究唐史的论文更是如井喷状，论述范围包括唐诗中反映的政治事件、国家机构、地方行政、世家大族与官员活动，交通、法律、科举、教育制度，边疆、边塞、战争、民族管理与民族关系，农业、手工业、

---

① 陈寅恪：《陈寅恪集·讲义及杂稿》，三联书店，2002年，第479—480、483—484、487、491页。

商业等经济活动，收入支出与赋税制度，衣、食、住、行等日常生活，疾病、医疗、瘟疫、医药等社会救治现象，乡村田家与城市管理，区域经济与区域人物，建筑、科技、宗教、艺术、文化，家庭结构与社会各阶层民众，中外交流与丝绸之路……举凡唐代历史事件和社会经济活动，均可诗史互证，展示了利用唐诗研究唐史的广阔前景。内容丰富、意蕴丰赡的唐诗，成为研究唐代历史的宝库，而随着大量唐诗的解读和运用，唐代历史形象也更为生动、丰满起来。

唐代的"飞钱"

　　北宋纸币的出现是中国货币史上划时代的大事。纸币渊源于唐代的飞钱。作为商品经济发展过程中的新制，飞钱伴随着唐后期百余年的历史，对唐代财政、货币及商品经济的发展均产生了深远影响。

　　严格说来，"飞钱"只是唐人俗称。《新唐书·食货志》记载："（宪宗）时，商贾至京师，委钱诸道进奏院及诸军诸使富家，以轻装趋四方，合券乃取之，号飞钱。"凭纸券取钱而不必运输，钱无翅而飞，故曰"飞钱"。在官府文案中，这种现象叫"便换"。史籍中有关飞钱的最早记载是元和六年（811）二月制，制文中提到"茶商等公私便换见钱，并须禁断"（《旧唐书·食货志》）。不过，这距飞钱的出现已有相当时日了。

　　飞钱兴于蜀，且盛于蜀。《因话录》卷六《羽部》记载，"有士鬻产于外，得钱数百缗，惧川途之难赍也，祈所知纳于公藏，而持牒以归，世所谓便换者，置之衣囊"。这里的"川途"非泛指山川路途，而是专指三川（剑南东西、山南西道）之途。李白"蜀道之难，难于上青天"固是诗家夸张之句，但入蜀交通运输一向被视为畏途，亦是实情。剑南三川因地理条件，交通不便，使用携带方便的"飞钱便换"成为迫切需要。

蜀地商品经济发达，多用现钱（即铜钱）交易，蜀茶及其他蜀地珍宝物产远销北地、两京，又为飞钱的出现提供了可能性。其中，尤以茶商与飞钱关系最密切。茶之名品中，剑南蒙顶石花茶占第一位，东川神泉、小团、昌明、兽目等也榜上有名。三川茶商云集，蜀茶代替蜀麻地位，成为四川主要外销商品。茶商利用三川钱物于剑南收购茶叶，转运至上都货卖，将所得钱纳于上都，辗转便换往来，便换在蜀地格外发展起来。兴盛于三川的便换由往来于蜀的茶商独领风骚，因此元和六年制文禁止公私便换时特别提到"茶商"。

蜀地印刷事业的发达也与便换互为因果。便换所持之券，《因话录》称为"牒"，因"合券"而言，这种券可能是一种新型印纸。蜀中先进的印刷条件，确实为便换的产生及大量出现提供了便利条件。唐后期益州地位陡然上升，其商品经济之发达，使社会上形成了"扬一益二"之说。益州上升至堪与转输外贸中心扬州相媲美的地位，其中当有飞钱之功。

商贾"委钱诸道进奏院及诸军诸使富家"，进奏院（留后院）及诸军诸使为"公"家便换，"富家"则为私家便换，合起来就是公私便换。这种便换早于元和六年，同时也应是便换产生的最早形式。安史乱后两京失守，玄宗幸蜀，百官诸军富商大贾云集于蜀，他们在蜀置产经商，当属常务。玄宗返京后，政治商业中心又移至长安，但蜀与京的联系并未割断，入蜀商人与京师进奏院、诸军诸使、富商展开商业往来，便换便适应这种交往而在公私间约定俗成。刘晏盐法实行后，国家在财政上越来越借重商人，飞钱则从"公私便换"被引入国家财政，川蜀地区盐利、赋税上供等均通过便换形式送省。太和五年（831）十月，户部侍郎庾敬休奏称："剑南〔东〕西川、山南西道每年税茶及除陌钱，旧例委度支巡院勾当榷税，当司于上都召商人便换。"（《旧唐书·庾敬休传》）可见三川便换之盛。唐代剑南飞钱的这种兴盛特色应与宋代交子（纸币）最早产生于四川密切相关。

便换最早出现于"公私"领域而被三司借用，一旦三司习惯便换后，国家开始对公私便换限制禁约起来。元和九年（814）五月，"命京兆尹禁诸色人不得与商人私有便换，犯者没入，赏罚有差"（《册府元龟》卷六一二）。这次禁绝最为雷厉风行，京兆尹裴武搜索诸坊，十人为保，严禁与商贾飞钱（《新唐书·食货志》）。但这样严刑重法的禁约也未达到将"公私便换"斩尽杀绝的目的。长庆元年（821）赦文中又一次提到"公私便换钱物，先已禁断，宜委京兆府及御史台切加觉察"，可见公私便换仍持续不断，而将长庆元年赦文与元和九年制令相较，也不难看出后者的缓和且无可奈何。

飞钱制度在唐后期财政领域有所发展。长庆元年赦文中还规定，"宜委度支盐铁使于上都任商人纳榷，粜诸道监（盐）。令在城匹段，各有所入，即免物价贱于外州"。此法已含有折博意向，它是配合禁断公私便换而采取的另一措施，使盐商在京师纳榷，直接到诸道领盐，减少了合券易钱、以钱买盐的程序，应该说给商人提供了便利。但令人叹息的是，唐三司财政采用飞钱、易地领盐法并不是为了给商人和商品经济提供更大的发展空间，而是为了解决唐的货币问题、物价问题，亦即通过飞钱、折博，实现将实物货币（布帛）挽留在流通领域的目的。手段与目的如此相悖，决定了唐代飞钱的命运。

飞钱还被应用在西北边军粮转输上。《新唐书·吴武陵传》记载，长庆初年，武陵上书谏曰："前在朔方，度支米价四十，而无逾月积，皆先取商人，而后求牒还都受钱。"商人在西北边州按度支米价给边军粮，然后得牒至京师领钱，这种牒，类似便换文牒，也是飞钱的一种。在这种便换中，商人在西北边入粟，较之纳钱，更进了一步。结合盐政领域商人纳榷、籴诸道盐看，飞钱在三司领域已相当发达。只是入粟得钱仅是西北边维持军费供给的手段，法虽先进，但目的及范围狭小，度支盐铁领域的这种折博只能单一且有限度地存在着。

晚唐国家财政已离不开便换。咸通八年（867）十月户部侍郎判度支崔彦昭上奏说，当司所管江淮诸道两税、榷酒、除陌等钱，"准旧例逐年商人投状便换。自南蛮用兵已来，置供军使。当司在诸州府场监钱，犹有商人便换，赍省司便换文牒至本州府请领，皆被诸州府称准供军使指挥占留。以此商人疑惑，乃致当司支用不充"（《旧唐书·懿宗纪》）。据此可见，便换已在三司领域推广开来，江淮诸道州府也普行便换。同时，崔彦昭的奏文还体现出，国家财政越来越仰赖便换，"商人疑惑"，不与三司便换，国家经费则因之"支用不充"。三司便换中，商人实际上越来越占据主要地位，至唐末期，更是如此。懿、僖宗时战乱不断，漕路多次受阻，三司转运，仰赖商贾，但商贾便换"渐至虚折，商徒则获利倍于往日，所司则侵损转难任持"（《唐大诏令集》卷七二《乾符二年南郊赦》）。商贾利用虚实估差价，上下其手，纳匹段时以虚估计，合券在诸州府领钱时则以实估折，获数倍之利，国用为之虚竭。至此，国家为维系物价、维系财政支用而实施的虚实估政策，反而成为商人利用的武器，这是唐政府始料不及的。商人也正是利用政府之策、战乱及国家对商人的倚赖，发展壮大了自己的势力。

唐朝奉行钱帛兼行的货币政策，唐后期绢帛虽逐渐退出流通领域，但唐政府一直努力坚持，力图减缓绢帛消退的进程，所以飞钱这种新制一出现，也就与旧的货币问题夹缠在一起。在唐政府力量强大时，也许能够取得便换上的主动权，利用国家势力干涉便换物价，达到国家获利、物价上涨的目的。但随着国势消退，商贾取得便换主动权，虚实估反而成为使国家受损的弊政。飞钱是经济发展的产物，将这种先进手段引入财政，是值得肯定的；只是引进的目的与之相反，唐代飞钱正是带着这种矛盾的特色，出现在历史舞台上。

飞钱是在剑南交通不便、茶商发达的背景下首先发展起来的，元和以前被引入国家财政领域中。随着三司便换的发展，国家却限制了诸道、诸军、诸使及富商等三司之外的便换，将飞钱仅局限于三司汇兑领域中。便换飞钱不能向三司以外发展，更不能转让、货卖。于是，飞钱终唐之世，没有再向前发展。由飞钱到纸币仅仅相差一步，唐代飞钱却没有向这一步迈进。这关键的一步，只能留给宋代来完成了。

（原载《文史知识》1998年第4期）

《唐代财政史新编》读后

大唐王朝素来以它的繁荣昌盛、文治武功闻名于世，拥有灿烂文化的唐朝是建立在什么样的基础上的？唐代的国家财政运营情况如何？唐代国运盛衰与其国家财政的关系如何？这些问题，一直是唐史学界尤其是唐代财政史研究者所着力探索者。

近人对唐代财政史的研究，以胡钧先生为最早。1920年，他撰著的《中国财政史》一书付梓，断自唐虞，迄于近代，采太西新法以相比例而较其得失，是系统研究财政史之始。在该书第四章中，他简要描述了唐代财政史概貌。20世纪30年代，鞠清远先生著《唐代财政史》，自创体例，从赋税、专卖、官业收入与税商、特种收支及财务行政几方面，论述了唐代财政的诸种制度、财政领域的诸种现象及演变，描述了唐代财政的特色，考释严谨，立论精当，长期以来，为唐史研究者所重视。1963年杜希德（D. C. Twitchett）的《唐代财政》（Financial Administration under the T'ang Dynasty）一书出版，1989年蔡次薛氏撰《隋唐五代财政史》又出版，这些著述都停留在对唐代财政制度及现象的描述上。如何从总体上把握唐代财政，综合研究唐代财政问题，揭示唐朝财政体系各侧面的内在联系，仍是唐史研究者努力的方向。

陈明光先生的《唐代财政史新编》（中国财政经济出版社，1991年）正是为这一目的而撰著的。在引言部分，作者指出："综合研究唐代财政史的艰巨性，一方面体现在必需扎扎实实地去发掘，辨析头绪纷繁多有残缺的史料，认真地进行钩沉索引，去伪存真的资料准备；另一方面（可能是更主要的）则体现在如何寻求一种财政学的结构框架，以求包容较大的同时又是简洁、动态地阐明唐朝财政总体系这一客观历史对象。"这样，陈著之财政史，就具有了不同于以往财政史的布局谋篇特色。

陈著以预算为核心，将整个唐代财政分为前期、肃代时期及后期三部分，用三编具体、动态地描述了有唐一代的预算制度及其发展变化，在描述预算的同时，将唐代的多种收支、财务行政及财政改革等镶嵌于预算体系中，从一个新的角度，重新构架了唐代财政史的结构，从总体上描述了唐代财政问题，展示了三个阶段唐代财政的特色。

陈著重视预算，并以之为核心构架唐代财政史，是一个全新的角度，这必将推进中国古代财政史的研究。预算是国家财政的重点，是财务行政的核心，唐代预算如何，此前学术界很少论述，因此，陈著对国家预算问题的提出，就更显得难能可贵了。

除以预算为核心外，在布局上，陈著注意静态与动态描述相结合，专题描述与多层次论述相结合，因此陈著更能体现唐代财政的动态性和总体性。如用预算内外收支展示唐前期的诸种财务制度，这是静态的描述，此后，则用"财政平衡状态的阶段性探讨"一章，展示了唐前期各阶段的财政特色，指出财政收支与国势强弱、国家兴衰的关系，则是对唐前期财政的动态描述。又如在唐后期一编中，陈著分析了两税预算方案的形成，"上供、送使、留州"三分制的内涵，论述了两税的定额管理体制，这是对唐后期预算及收支过程制度的描述，接着，又用"中央预算不平衡及其对策"一章，试图揭示预算及其他财政现象的关系，财政体系各侧面之间的内在联系，展示唐后期财政的各个方面。这种单一描述与多层次描述相结合，动态描述、静态描述相结合的特色，也是陈著布局谋篇的特色。布局新颖、结构独特，似可作为陈著的第一个特点。

陈著的第二个特点是在前人对唐代财政史研究的基础上，对史界论述较少或有争论的问题，提出了自己创新的见解。如在唐前期一编中，对户税"以支定收"性质的概括，对折纳"增加了预算的灵活性""又不会破坏预算收入计划在法制上的稳定性和连续性"的评价，对税物的积贮地点和中转路线的描述和总结，都富有启发性。唐前期内外官俸料钱的来源、供给错综复杂，史界也多有争论，陈著则详为辨析有关官吏俸料的史料，这种努力应该肯定。在对开元十八年（730）至开元末年官俸来源的论述中，作者指出开元后期外官俸料由预算内的户税支出，而一反有的学者认为的开元十八年后又恢复了公廨本充外官月料之说，这一见解是有说服力的。唐史学界对官营高利贷的论述多停留在公廨本钱上，而对内外诸司设置的其他本钱，则无综合研究。陈著对数量较大、设置普遍的"食本"进行了论述，指出了食本的作用、唐食堂的目的、内外食本的不同设置情况及食本的社会影响，这种不断丰富财政史研究领域的努力，无疑将促进唐代财政史研究的更为深入。

陈著对唐后期财政的论述，更富创新性。由于唐后期史籍分散，唐后期财政领域的许多现象一般治史者均语焉不详，似是而非。因此，陈著对唐后期的论述，则成为这部书的精彩所在。如对唐后期两税定额如何确定，如何颁下，唐后期留州、送使、上供部分税额做何支用，中央与地方在税额管理及分配中的权限如何、地方上的支用有何特色等诸多问题的论述，均为创新见解，尤以对中央与地方制税权的论述，更富启发性。陈著指出："中央的制税权只体现在控制各州的两税名目和州定额上，不能直接制约到两税户，两税法与两税户之间增加了一个有制定各户税额权利的中间层次。唐中央既把定两税户的户等以及计资定税的权力交给地方，就等于正式分割了一部分制税权给地方。"制税权问题的提出，无疑也是理解唐前后期不同税制及前后期不同财政特色的关键。

陈著的第三个特点为使用了定量分析及绘制图表的方法，使财政史的研究更为具体，也更为清晰。财政史的研究与政治史及一般制度史研究不同，它需要研究者脚踏实地地做一些具体定量分析，以数字来说明问题。定量分析对近现代财政研究较易，而对于千余年前史料乏少的唐代则十分困难。陈著利用《通典》《唐会要》《册府元龟》，新、旧《唐书》等史籍资料，尽可能地对唐前后期财政收支做出定量分析，对史籍中的数字进行校勘、胪列、计算，使用这种方法，使唐代的收支研究更为具体、深入。

陈著还根据史籍文献，制作了大量图表。这些图表有的展示了收支数额，有的展示了某种收支在财政中所占比重，有的展示了财务行政的领导体系、财政机构的作用，还有的展示了将近百年来国家两税收入总量的变化曲线……图表形式多样，加强了读者对唐财政史的理解。如在上编结束时，陈著将唐前期的收支项目及收支来源总括为一图，使唐前期的财政分配体系中收支要目之间的关系一览无余，此图实为作者对唐前期论述的总结。使用图表及定量分析的方法，构成了陈著的第三个特色。

当然，陈著也不是完美无缺的，任何一本学术著作都不可能没有瑕疵。我认为，陈著有两点不足。

其一，没有充分利用敦煌吐鲁番文书研究唐代尤其是唐前期的财政问题。陈著引用了一些敦煌吐鲁番文书，但限于条件，对出土文书没有充分利用。如论述唐前期预算时，未引用日本学者大津透、榎本淳一氏恢复的"唐仪凤三年度支奏抄"文书（吐鲁番出土），对敦煌吐鲁番出土的大量关于赋税征收、财务管理及支配、诸种账历等文书也没有充分引用分析，这样，使作者对有些财政问题的论述显得不够准确、不够完备。

其二，对有些问题的深入分析不够。如对仗身课的计算。陈著认为仗身年课额640文，但实际上，仗身纳课与防阁、庶仆等不同，仗身简自卫士、掌闲、幕士等，十五日一替，十五日收资640文，镇戍官配以一个仗身的名额，一年则有24个充仗身之人纳课，年课额为15360文，全国仗身总课额也应以这一标准计算。陈著未具体分析仕身的身份及其纳课情况，因此对仕身课总数额的计算有误。又如对户税出现时间的论述，陈著认为永徽年间曾明令薄敛百姓一年税钱充本息利，充当京官俸料钱，因此户税始于此时。陈著对户税与别税，未加区分。唐户税种类有大税、小税及别税之分，其中大小税供军国之用，别税充官俸料，陈著认为的"永徽年间"是别税出现的时间（别税是否真出现于永徽后尚有待考证），而不是户税出现的时间。户税的出现及别税与户税的关系尚有待于进一步研究。又如陈著在论述唐前期赋税时只局限于租庸调、户税、地税、资课，对税草等附加税及各种杂税缺乏论述。通篇来看，对支出的论述也不全面，唐后期有的问题的研究仍有待于深入。这些，仍有待于陈明光先生及唐史研究者的继续努力。

尽管有如上的不足之处，但瑕不掩瑜，陈明光先生这部布局新颖、内容充实之著，对唐史研究是有所裨益的。它的出版，必将促进唐代财政史研究向更广阔、更纵深的方向发展。

（原载《中国史研究》1992年第4期）

清木场东著《帝赐的构造·唐代财政史研究·支出编》书评

1995年至1997年，中日韩三国学者出版了多部有关唐代财政史研究的论著，[1]一时被称为"财政史年"。在诸多财政史专著中，清木场东先生继《唐代财政史研究（运输编）》之后的大著《帝赐的构造·唐代财政史研究·支出编》，无疑是引人注目的一部。

本书汇集了作者80年代（按：指20世纪80年代）研究唐代财政部门、支出部门的论文，及90年代对以皇帝名义进行的赐和诸支出相关的论文，分编、章、节排列。本书并不是相关论文汇编，而是作者从新的角度研究唐代支出的专著，从中不难看到作者对唐代支出体制、构成的独特理解，及从总体上把握皇帝制国家财政特色的努力。

---

①包括船越泰次：《唐代两税法研究》，汲古书院，1996年。清木场东：《唐代财政史研究（运输编）》，九州大学出版会，1996年；《帝赐的构造·唐代财政史研究·支出编》，中国书店，1997年。金荣济：《唐宋财政史》，图书出版新书苑，1995年。拙著：《唐代财政史稿（上卷）》，北京大学出版社，1995年。

一

首先简述本书内容。本书分三编七章。

第一编"财务体制"包括"财务设施"与"支出体制"两章，分别考察含嘉仓、太仓铭砖所体现的诸仓构成，及仓廪受纳、保管、支出诸过程，试图把握钱物和谷物支付机关、法制、文书、木契及诸手续等相关问题，展示唐财务设施及财务处理机构组织系统。在"财务设施"章中，作者整理排比了含嘉仓报告中有关窖、砖、遗址的资料，并据出土铭砖依次考察了仓门、街渠、窖区等。作者指出铭砖上的仓中门为圆璧门的俗称，东门为曜仪东门的省称，而陆路的大街、竖街、小路与水路泄城渠为含嘉仓的构成要素之一。作者还对所有出土铭砖进行分期、复原，将时间定在圣历二年（699）以后，并分析了仓砖的机能。根据出土砖形状，推测仓砖为出窖后废砖，可能弃置时故意打残。在分析太仓构造时，比较了含嘉仓及太仓有关门、街、院、行、窖的记载方法异同，及贞观与大中时期太仓的院场、行数方式、官员组织构成不同，细算窖数，认为太仓储不了六七百石，开元二十三年（735）以后，在北面又设数百窖区，吕大防《长安城图》中的太仓图可能是贞观与大中之间太仓最盛期仓院配置图。据出土铭砖资料，深入含嘉仓、太仓构成内部进行深入细致研究，为此章主要特色。但应该指出，唐代财务设施并不只有含嘉仓、太仓，尚有州府正仓、转运仓、军仓、常平仓、义仓等诸仓，①及中央、地方诸库，②仅论含嘉仓、太仓是不全面的。

在"支出体制"章中，作者将财政机关分为征收、运输的调达机关及行使出给的支出机关两类，展示了谷物支出体制中度支领导下，江淮州县至太仓署的征收、收贮转运、收纳的过程，并考察了支出行政机关仓部、金部，出纳机关司农寺太仓署、太府寺左右藏署的文书、账簿检覆制，及木契制、诸监门保卫管理等支出体制，对禄米出给程式、金部检覆、给俸与木契关系等，均提出创新见解。

第二编"法定的支出"，重在研究与帝命支出相对的定期支出——禄、俸规定，以及构成原理、原则，进而分析禄俸制演变及财源变迁。含两章。

第一章"谷物的支出"，由考察百官禄、常食料、流外官公粮及畜类秣料等规定及制度变化的论文构成。此章有三点贡献：其一，考察隋唐禄法构成诸原则、禄法制定年代及变迁，得出了唐后期一般不给禄的新观点，认为从后期只有罚俸无夺禄、户部财源不包括阙官禄、每年漕运只四十万石不足以供禄、职田被称为禄廪看，唐后期一般官僚停给禄，而禄米停给导致漕运额下降，甚至促进了国家财政中从谷物支出占重要地位到钱物支出为最大支出的转变。唐后期是否停给禄尚需进一步研究，但清木场氏此论，促进了唐后期禄制研究的深入。其二，另辟一节研究了正官以外的供奉、里

①参张弓：《唐朝仓廪制度初探》，中华书局，1985年。
②参葛承雍：《唐代国库制度》，三秦出版社，1990年。

行、员外官、检校、试、判、知、散官、直官、解官充侍者禄，扩大了禄俸制的研究范围。其三，对常食料、设食料、设会料、厨料等食料及公粮、秣料，也详为论述，探讨诸种支给规定，较只论禄制更为完整，详细展示了谷物支出的面貌。

第二章"钱物的支出"，分析了钱物支出的代表——俸料的规定等级、原则、前后期变迁、俸料财源变化，指出唐俸料制经历了高宗乾封时称俸料、开元时称月俸、大历后称月料三种变化，在唐后期完成了由禄主俸从、到俸取禄代之的演变。对俸料的财源，作者以考察财源维持期限为重点，分武德至永徽、仪凤至天宝、乾元至大历，及贞元以后诸阶段，一一条析，较横山裕男、小西高弘、刘海峰氏诸说均有进步。

第三编"皇帝命令的支出"，占420页，是全书的重点。含三章。

第一章"帝赐"，是帝赐特征的实证研究。首先考察了赐的语义、用法，分析赐具有精神上恩宠的含义，帝赐体现的是皇帝与臣下的支配关系。然后，条列皇帝个人支出的帝赐之例，考察其契机、物件、财物，得出帝赐是皇帝私人性质的支出，具有随意性的结论。第三节研究帝赐构造，支出帝赐与法定支出俸禄等手续不同，帝赐的构成要素有皇帝、中使、口宣、诏敕、财物、场所、谢文、批答诸种，日常帝赐是皇帝给财物、臣下上谢文的赠与交换关系，是皇帝制下君臣关系的重要补充，横赐是皇帝过度追求人间关系而行的下赐。在分析横赐及后宫财务体制时，作者深入研究了内藏制、内藏蓄财，并第一次系统论述了宣索，指出唐后期内藏扩大，是皇权强化的结果，所论颇为精彩。惜未对唐前后期内藏库变化进行强调，亦未对后期内库、度支二元财政出现的原因及与宋代财政的关联进一步研究。

第二章"庆赐、衣赐、赏赐、赙赠"，以《册府元龟·庆赐门》所记载太宗、玄宗朝史料为中心，对庆赐进行了细致分析，指出庆赐因礼仪、喜庆事、祭祀、外交、行幸、丰收、祥瑞等理由而支出，对象以高官为主，具有偶然性。关于衣赐，作者整理了《通典·州郡典》《旧唐书·地理志》《资治通鉴》《元和郡县图志》及《通典·食货典》中有关诸道衣赐、兵粮资料，指出各道衣赐不一，因兵种不同，后期衣赐分化为地方州府负担及中央负担两种。赏赐种类众多，数额巨大，与赙赠一样虽有法律规定，但皇帝可以诏敕高额下赐，具有帝命支出的随意性。

第三章"恤下、惠民"。唐史研究中除义仓研究较盛外，有关恤下惠民的论述很少。本章从财政支出观点出发，考察对百姓的支出，是填补空白之作。在第二节中，作者将史籍中天灾记载与惠民资料比勘，分析天宝以降被灾而无惠民记载出现的原因及其与从皇帝惠民到州府惠民转变的关系，视角独特。在对惠民契机、方式的分析中，作者一朝一代列举，稍嫌琐碎，得出前期以赈给方式多，后期赈贷、贱粜相对较多；前期贱粜只限于京畿，后期扩大到地方；前期以遣使惠民为主，后期以赐米惠民与先给后奏的州府惠民为特征的结论。最后，作者考察了惠民财物及数量，将惠民与征收额、庆赐额、俸禄等支出比较，指出恤下惠民思想包括传统的施惠思想、天命思想及防止因灾害流亡而维持现状的消极政治思想，与立足于发展、投资的经济思想，立足于扩大的社会扶助思想迥异，惠民限于皇帝一人，具有占有性、闭锁性。对唐王朝财政支出构造，作者概括为朝廷消费支出（俸禄、帝赐、庆赐及其他）呈膨胀扩大化，对百姓支出极端微小化，国家支出中没有与殖产兴业相关的长期性钱物投资，导致唐代财政缺乏生产性和发展性，这也是对中国古代财政支出特色的概括。

二

《礼记·王制篇》云："冢宰制国用，必于岁之杪，五谷皆入，然后制国用。"制国用重点在于确定支出，支出更能反映一朝一代的财政特点。但长期以来，相对于收入而言，支出研究在唐代财政史研究中一直处于落后地位。久负盛名的鞠清远著《唐代财政史》（商务印书馆，1940年）即以税收为中心，详为论述。而这一倾向为此后的财政史研究者所继承。清木场氏指出，财政行为由收入、输送、财务（财务组织的受领、保管、配给相关的业务和法制）、支出四部分组成，确立了支出在财政史中的地位。本书一改重收轻支之习，成为论述唐代支出的第一部专著，并以俸禄、军费之外罕有系统研究的帝赐、恤下惠民为探讨重点，具有重要意义。

对唐代支出的构成，清木场氏提出了新的支出体系。此前，蔡次薛著《隋唐五代财政史》（中国财政经济出版社，

1990 年）将支出分为皇帝费用（土木建筑——宫殿、陵寝、寺观，生活娱乐费用——娱乐宴会、舆服、迷信支出）、官禄支出、军费支出、祭祀支出、赏赐支出、赈济优恤支出、经济支出（农田水利、交通运输、工矿贸易）、教育支出、特种支出九种，属列举性质，是对唐代支出的初步整理。陈明光《唐代财政史新编》（中国财政经济出版社，1991 年）将唐前期支出分为预算内（军费、俸禄、赈恤、皇室费用、交通行政费用）、预算外（公廨、食堂、田地及常平仓）两部分，并探讨了武德至玄宗时期财政平衡状态的阶段性，同时也论述了唐后期中央诸使及地方对两税的支出，促进了支出研究的深入。拙著《唐代财政史稿（上卷）》（北京大学出版社，1995 年）将唐前期支出分供国、供御、供军三部分，指出前期支出可分为每年常支与临时别支两类，供给方式又可分一次性及储蓄性支出。但条列供国、供御、供军支出并不能体现唐后期支出特点。清木场氏以金部、仓部及太府寺、司农寺分掌的钱物和谷物将支出分为两类，又从皇权的角度，将钱谷分为法定支出与皇帝命令的支出，一定程度上体现了皇帝制国家的财政特色，较列举式的支出分类不可同日而语。但唐代支出呈复杂性，以钱谷类计，不能涵盖诸如庄宅、田地（包括屯田、职田、公廨田、驿田等）、人力手力、前期食实封等所有支出形式，而以帝命与法定划分支出类型，并不严格。俸禄支给在支度国用计划中，此计划以奏抄形式上奏，经皇帝批准，法定支出也是承帝命支出；而一些貌似帝命出给的支出项目，如军衣，虽有"赐"的名目，开元天宝中也像俸禄一样按每年支度国用奏抄支给，成为法定支出，唐后期兵士春冬衣多由地方支给，更与帝赐关系不大。此外，以俸禄作为法定支出的代表，帝命支出仅局限于赐与惠民，似不全面，唐代法定支出项目、数量，均比作者所条列的多，国家支出多承旧制而行，以法定支出或旧额为准，帝命支出更多体现在应付突发性支出上，如军费、土木建筑、赈贷等临时支出，唐后期主要用于军费挪用及滥赐。总之，本书采取了全新的研究支出视角，但支毕竟以收为基础，本书的支出体系尚需结合唐代前后期收入特点，并综合考虑各种支出形制而加以补充。

财政与政治密切相关，财政史研究不只是财政制度的简单复原，而应涵盖更广阔的历史、社会内容。将财政与历史、社会综合描绘，是本书的另一重要特色。在论述支出问题时，作者重视历史演变，努力探讨政治、军事、社会、文化对财政的影响，如将俸钱支给与全国政治军事形势、财政总体收支状况结合起来（第293—315页），在第三编分析帝赐与惠民时，研究其社会学上的意义及背后反映的思想，均富启发性。在分析惠民原因时，注重天灾外的战乱、政治、军事、经济、社会原因，综合考虑，反映了作者将财政置于国家整体中的努力。这种将财政与整个国家经济、社会、政治、文化结合起来的新视角促进了财政史研究的深入，也必将为新时期的唐代财政史研究所发扬光大。

以下谈谈本书的不足之处。

唐代历史分前后两期，在支出上区分明显。本书将前后期综合探讨，但对后期的重大变化、财政体制，论述不够，且时有可商榷之处。如第289页将会昌六年（846）三月条

"每贯给见钱四百文"中的"每贯"改为"每匹"，即不明唐后期虚实估法所致。①唐代支出中央与地方有别，本书存在明显的详中央而略地方的现象。前后期、中央地方的论述不均衡，使本书精细有余，但全面系统不足。

财政史的研究需要大量资料统计、计算，本书附有图表数十种，用力颇勤，但不能无误。如第194页据《新唐书·食货志》"散官、勋官、卫官，减四分之一"，推测从九品散官充直官，年禄39石，为创新见解，但推算令史、书令史及流外长上口粮有误，令史等给三口粮，流外长上"外别给两口粮"，亦给三口粮，年额应为米19.8石，而不是36石。又如第273页一兵日给米二升，年食米应是七石二斗，不应是三石二斗，这样可推出一品官禄700石养兵约近百人，而不是作者估算的195人，此皆白璧微瑕。而第219页一品俸200贯，若斗米百文，相当于米200石，而不应是作者推算的2000石，作者据此得出的一品俸终于禄的结论也需要更正。

敦煌吐鲁番文书与考古发掘、石刻墓志为财政史研究提供了新的宝贵资料，本书对考古发掘极为重视，如第一编完全利用含嘉仓发掘及出土铭砖，对敦煌文书也能利用，但不充分。如第98页论诏令出给，金部无检覆权，但需受理判下，吐鲁番出土"唐仪凤三年度支奏抄"文书C'5-12行有详细准确记载，尤以"如别奉敕令遣支，亦请金部承受敕令，□□便定须数及□□州库物，□□度支给"，②记录明确，胜

①参吴丽娱：《试论唐后期物价中的省估》，《中国经济史研究》2000年第3期。
②参大津透：《唐律令国家的预算》，《史学杂志》95编12号，并参拙著《唐代财政史稿（上卷）》，第294页。

于文献资料，而本书未引。又如第728页论惠民财物中的谷类，未引敦煌文书"天宝九载敦煌郡仓纳谷牒"[1]关于敦煌十三乡纳种子粟的记载，殊为可惜。此外，石刻墓志中有许多赙赠资料，可作补充。唐财政史研究应广泛利用这些资料，以补现存史籍之缺漏。

最后，将近年来唐代支出研究应重视的成果附列于下，作为阅读本书时参考及补充。它们是：

卢建荣：《唐代前期非常支出的筹措及其回响》，《"中央研究院"史语所集刊》第56卷1分，1985年。

渡边信一郎：《唐代后期的中央财政》，《京都府立大学学术报告·人文》40，1987年。

吴丽娱：《唐后期的户部与户部钱》，《中国唐史学会论文集》，三秦出版社，1989年。

渡边信一郎：《唐代后期的地方财政》，《中国古代的财政与国家》，汲古书院，2010年。

丸桥充拓：《唐代后期北边的军粮政策》，《史林》82：3，1990年。

吴丽娱：《试论唐代后期盐钱的定额管理》，《中华文史论丛》62，2000年。

（原载日本唐代史研究会编：《唐代史研究》第4号，2001年）

---

①见池田温：《中国古代籍帐研究》，东京大学东洋文化研究所，1979年，第472页。

敦煌文书中的谱牒写本

谱牒是对氏族或宗族世系、谱系的记录。郑樵在《通志·氏族略》序文中指出，"姓氏之学，最盛于唐"，这是对唐代处于中国谱牒学史上高峰期的最好概括。

《隋书·经籍志》史部分"谱系篇"一类，记汉以来姓氏谱牒书38部，357卷。正如周一良先生指出："魏晋南北朝时期史学与以前以后都不同的又一个特点，是出现一个分支——谱牒之学。这几百年中，家谱、族谱大为兴盛，数目骤增，种类繁多，谱学成为世代相传的专门之学。"（《魏晋南北朝史学发展的特点》，《魏晋南北朝论集续编》）此时谱学的主要目的是严士庶之别，以为任官依据。谱学兴盛是当时门阀政治及社会风气发展的结果。

唐代继承了魏晋以来兴盛的谱学，虽谱学明士庶之别的意义逐渐淡化以至消失，而谱学之盛、谱书之多，却大盛于前朝。《新唐书·艺文志》记谱牒书39部，1617卷，绝大多数为唐人撰著，唐代还多次官修大型谱牒，如贞观《士族志》100卷、显庆《姓氏录》200卷、开元《姓族系录》200卷等，均对唐代谱牒学产生了冲击和影响。

唐谱牒学的兴盛，在敦煌文书中也有反映。敦煌谱牒写本共6件，其中敦煌诸姓谱1件，伯2625号；姓源谱1件，伯3421号；诸氏族谱4件，即北图位字79号、斯5861号、伯3191号、斯2052号。

一、诸氏族谱

北图位字79号文书残48行。文书先书姓望，如33行"寻阳郡二姓（江州）：陶，翟。豫章郡五姓（洪州）：熊，罗，章，雷，湛"。最后，有尾题11行，即"以前太史因尧置九州，今为八千五郡，合三百九十八姓，今贞观八年五月十日壬辰，自今已后，明加禁约。前件郡姓出处，许其通婚媾，结婚之始，非旧委悉……光禄大夫兼吏部尚书许国公士廉等奉敕，令臣等定天下氏族，若不别条举，恐无所凭，准令详事讫，件录如前。敕旨：'依奏。'"贞观《氏族志》颁布于贞观十二年（638），凡百卷，分九等293姓，1615家。此文书记刊定于贞观八年（634），共398姓，当是天宝以后伪作。

斯5861文书与伯3191号文书格式相同，二者可以连接。文书以十道为单位，列每郡望姓，道的排列顺序为河北道五、河南道六、淮南道七、江南道八、剑南道九、岭南道十。其体例为先书十道郡姓数，再于道下叙每郡望姓，采用首列州名、再列郡名，标郡姓数，最后条列诸姓的方式。如："第七淮（南道）：杨州、广陵郡亡。""洪州、豫章郡五姓：能，亡。"最后附敕旨如下："太史因尧置九州，令分□□〔八载五〕月十日……定偶，其三百九十八姓□□并非史籍所载，或□□户商价之类，上柱国□□甫等，奉敕：'令□□各别为条举，□□□听进□。'"显而易见，它与北图位字79号文书极为相似，除将天宝变为贞观、[李林]甫作高士廉外，二者基本相同。

《玉海》卷五〇《艺文·谱牒》"唐新定诸家谱录"条云："《书目》：《天下郡望姓氏族谱》一卷，李林甫等撰。记郡望出处，凡三百九十八姓，天宝中颁下，非谱裔相承者，不许昏姻。"而文书正与《中兴书目》等记载相合。因此，不但可将文书定名为李林甫等撰《天下郡望姓氏族谱》，还可以证明此卷为李林甫原书的抄本。

李林甫此书，《新唐书·艺文志》称为《唐新定诸家谱录》。既为"新定"，显然有旧本。《玉海》卷五〇"唐编古命氏"条引《中兴书目》云："其末又载《诸氏族谱》一卷，云梁天监七年中丞王僧孺所撰，俾士流按此谱乃通婚姻。贞观六年又命高士廉等定士族，明加禁约云。"李利涉《古命氏》一书中记载的这一《诸氏族谱》应是贞观六年（632）后编写，假托梁王僧孺之名而流传的。

北图位字79号文书也是这类假托的诸氏族谱。结合《中兴书目》看，唐代民间不止一种伪托的姓氏谱。可能贞观《氏族志》出现前，这种为了婚姻的姓氏谱已大量出现，太宗虽命重新刊定，但仍无法限制。也正有鉴于诸氏族谱的普及，天宝中玄宗命宰相李林甫等撰新谱。相对于大量旧谱，李林甫之本为新定，试图以新代旧，归于一统，并在新谱上注明敕旨，以标举其真实性、合法性。但始料不及的是，新谱刚出，又有据新谱而造伪者，且更注太宗敕旨，标示正统。敦煌文书正保存了这份造伪谱牒，位字79号文书使我们对唐代诸氏谱的混乱及法定与造伪矛盾斗争的情况有了进一步理解。

斯2052文书首题"新集天下姓望氏族谱一卷"，为归义军时期写本。首有序，5行以下分叙关内、陇右、山南、河东、河北、淮南、河南、江南、剑南、岭南十道州郡望姓，均首列州郡、出几姓，再列望姓。将陇右道排在第二，在河南等道前，当是敦煌本地人抄写时所改。

天宝中的李林甫谱著录398姓，此卷记770姓，扩大了一倍多，不可能是至德之前的产物。考虑到安史乱后形势及文书中地名、避讳等，推测此卷作于贞元年间。时承平日久，且因科举制度实行百余年，新的庶族兴起，于是又出现一次氏族刊定活动，此卷也因之产生。

将此卷与天宝《天下郡望姓氏族谱》相较，新增望姓达一倍多。从显庆的235姓，到天宝398姓，增长频率为69%，而从天宝至贞元，增长了93.5%，增长速度大为加快。这本身就是一颇为值得注意的现象。杂姓大量跨入望姓行列，一方面展示了因科举制度，庶族进入政治中心，成为新兴士族，新的科举世家产生并出现；另一方面也体现了士庶界限的模糊。天下已无真正的望族，因为举姓皆为郡望，望姓的意义也消失了。斯2052文书不见史志著录，却极为宝贵，它以郡望谱的形式记录了士庶混一的过程，而该文书的产生，也是唐从贵族政治向官僚政治、从士族社会向庶民社会转变完成的标志。

二、姓源类书

伯3421文书一般定名为"氏族志"。其首叙郡望、姓数、州名、望姓名，然后逐一条列每姓之源，如："始平郡出四姓。雍州：冯、庞、宣、阴。冯氏：承姬姓，周文王裔，毕公高之后……"始平郡之后为扶风郡、新平郡，下残。

据《玉海》卷五〇"唐编古命氏"条，知李利涉所撰《古命氏》列256姓"胄系之始"，文书内容与之类似。但李书后载《诸氏族谱》，而此文书，已据《诸氏族谱》形式排列，只不过多出姓源一行而已，因而不可能是《古命氏》。

《直斋书录解题》卷八又记录了《姓源韵谱》一卷，云："唐张九龄撰。依《春秋正典》《柳氏万姓录》《世本图》，捃摭诸书，纂为此谱，分四声以便寻阅。"张九龄之书以四声编纂，每姓叙其源流，编为一卷，宋时民间仍诵读之。

此卷每姓之后列姓源，但不以四声而是按郡望编排，当是《姓源》的改编本。改编者将《诸氏族谱》与《姓源》合一，先抄《氏族谱》，每姓下书其源，一书二用，简便明确，可简称"姓源谱"。

"姓源谱"一类著作实用性明显。唐人墓志中，首列姓源，已成为固定格式，如卢夫人郑氏墓志（《唐代墓志汇编》大中100）云："夫人荥阳郑氏，其先周之分姓，当厉王垂统天下，将封建子弟，蕃屏王室，而桓公友封于郑，其后子孙，氏为郑焉。"这一段，当抄于《姓源谱》类之书。

张九龄撰《姓源韵谱》，以四声分前后次序，本为查寻翻检便利，而伯3421文书以道郡望分目，条列姓源，合《氏族谱》与《姓源谱》为一，较李利涉《古命氏》后附《诸氏族谱》，更方便使用，因而敦煌地区传抄的是这类姓源之书。

三、诸姓谱

伯2625文书残93行，为唐前期抄本，多被定名为"敦煌氏族志"。唐代多编著地方姓族谱，《新唐书·艺文志》记录了《冀州姓族谱》七卷、《洪州诸姓谱》九卷、《袁州诸姓谱》七卷。此卷存阴氏、索氏等，列其族名人事迹，但较简略，可能也是地区诸姓谱、姓族谱之类，因而可定名为"敦煌诸姓谱"。

唐代官修谱牒等卷帙浩大，编纂频繁；谱学家辈出，撰述丰富。世号"肉谱"的李守素（《旧唐书·褚亮传》），"尤明谱学"的路淳，"尤明世族"的柳冲（《旧唐书·儒学下》），"好谱学"的韦述等均对唐代谱学贡献卓著。谱学的兴盛，甚至对唐代"史"的观念产生了影响，刘知几强调，"凡为国史者，宜各撰氏族志，列于百官之下"（《史通》卷三《书志后论》）。正史应列"氏族志"，表明"氏族"已成为唐学术文化乃至政治社会的重要组成部分。

在这种风气下，敦煌地区也出现不少谱牒之书。但敦煌谱牒写本并不能反映唐谱学水平。敦煌文书中并无一件卷帙浩繁、考证精当的公私谱学著作，而大量的则是实用性强的氏族谱、姓源谱等。易言之，敦煌文书中的谱牒写本皆谱学工具书，甚至还有假造的氏族谱。敦煌文书中的谱牒写本呈现出不同于唐代谱学主流的重实用性的特点，这也是敦煌学术文化世俗化、庶民化的反映。

（原载《文史知识》2003年第5期）

古代"丝瓷之路"的开拓与变迁

"丝瓷之路"是自古以来连接东西方的海陆两路交通要道。其中的"丝"指丝绸,"瓷"指瓷器;丝路指代陆路,瓷路指代海路,"丝瓷之路"基本涵盖陆上丝绸之路和海上丝绸之路。

中国与西方的交往交流源远流长。古代"丝瓷之路"经历了萌芽、开辟、巩固、兴盛、衰落等时期,呈现出鲜明的阶段性。

一、早期丝绸之路

早在张骞通西域之前,连接东西贸易的"丝瓷之路"就已经存在。

公元前4至前1世纪,中国的丝绸已输入南亚次大陆和欧洲的地中海世界。而由于游牧部族的迁徙、征服和贸易活动,从蒙古高原,沿阿尔泰山南北麓,穿越南西伯利亚,再往西到达黑海北岸斯基泰人地区的草原丝绸之路,应该是最早开辟的横贯欧亚大陆的东西交通路线。希罗多德(Herodotus)著《历史》一书,将从极北居民到黑海以北的斯基泰诸族所处位置串联起来，构成了"斯基泰贸易之路"，表明迟至公元前7世纪末已经存在的欧亚草原之路。中国古籍《穆天子传》前四卷叙述了穆天子沿阿尔泰山往返的行程，俄罗斯阿勒泰共和国巴泽雷克（Pazyryk）公元前5至前4世纪墓葬中发现了中国的丝织品和漆器、铜镜，也为《穆天子传》所记交通路线提供了实证。

公元前334年的亚历山大东征，扩展了东西交通路线，建立了地中海世界和中亚腹地的直接联系。托勒密（约公元98—168）《地理志》记载的自幼发拉底河流域至Serica（丝国）的路线，与亚历山大进军的路线基本相符。

二、丝绸之路的全面开通与发展

匈奴的兴盛和月氏的迁徙，导致了丝绸之路的最终形成。月氏人的迁徙连接了草原和绿洲丝绸之路。张骞肩负联合大月氏抗击匈奴的使命，于汉武帝建元二年（前139）西使。由于匈奴阻塞等因素的作用，张骞不能取道当时陆上东西交通常道。但张骞"身所至者大宛、大月氏、大夏、康居，而传闻其旁大国五六"，包括乌孙（在楚河、伊犁河流域）、奄蔡（在里海北岸）、安息（帕提亚朝波斯）、条枝（塞琉古朝叙利亚）、黎轩（托勒密朝埃及）和身毒（在印度河流域）。张骞第一次踏入西域腹地，开拓了长期被匈奴阻塞的东西交通，开启了汉与西域的交通联系，意义深远。元狩四年（前119），张骞第二次西使，"骞因分遣副使使大宛、康居、大月氏、大夏、安息、身毒、于阗、扜罙及诸旁国……其后岁余，骞所遣使通大夏之属者皆颇与其人俱来，于是西北国始通于汉矣"。张骞西使有"凿空"之功，为汉与西域诸国建立了互通使节的关系，开启了西北国与汉的官方的、双向的交往，一般意义上的陆上丝绸之路正式全面开通。

可见陆上丝绸之路是古代东西方各族人民为商贸交通的目的，共同努力开拓的。以中亚、西域为枢纽，地中海世界自西向东逐步深入，游牧民族南北东西纵横驰骋，中原王朝自东向西探索前进，共同搭建了这条沟通东西的大动脉。

自魏及晋，西域朝贡渐稀，但丝路上商旅、僧人往来仍未断绝。南北朝时期，北方的北魏、东魏、西魏、北齐、北周和南方的东晋、宋、齐、梁、陈诸政权对峙；陇右以西地区相继出现了五凉（前凉、后凉、西凉、北凉、南凉）和前秦、后秦、西秦、高昌等地方政权，它们互相征战，彼此封锁，由河西走廊进入丝绸之路的主干道陷于瘫痪。这种割据动荡局面，促使了成形于秦以前的丝绸之路河南道（即吐谷浑道，又称青海道）的繁盛。隋代丝绸之路有自敦煌至西海的"三道"，至此，丝绸之路形成涵盖草原、绿洲的三条完整路线。

三、唐代的丝绸之路

唐代是"丝瓷之路"发展史上的重要时代，具有承上启下的作用。

唐代倾全力开拓陆上丝绸之路。贞观四年（630）唐败颉利可汗，灭东突厥，为西域经略提供了新的机遇。贞观十三年（639）唐平定高昌，在高昌和可汗浮图城设立了正式州县，并成立安西都护府，将中原地区的州县制度进西域的纵深推进。在州县之下，还在伊、西、庭三州推行了与内地相同的乡里制度。贞观末，唐太宗经略西域达到顶峰，成为四夷尊奉的"天可汗"。"参天可汗道"的贯通，也使草原丝绸之路更加繁荣。其后即位的唐高宗利用平阿史那贺鲁叛乱之机，在西域各地设立羁縻府州，迎来了西域历史发展的新时代。随后，青藏高原上的吐蕃、西亚大食加入了争夺西域的角逐，大食向中亚的扩张和与吐蕃的联兵，对唐代的西域形势产生重大影响。但唐以安西都护管辖天山以南，以北庭都护控制天山以北，保证了丝绸之路的畅通，也使丝绸之路上的经济、文化交流达到鼎盛。

　　唐代丝绸之路的空前繁荣，是承袭汉代以来开拓发展丝绸之路的结果。自汉通西域以来，西域与中原王朝联系日渐紧密，汉文化及汉族移民逐渐进入西域，促进了西域对汉文化和中原王朝的认同。如高昌，"（魏）孝明帝正光中，（麹）嘉遣使求借《五经》、诸史，并请国子助教刘燮以为博士"，接受儒家文化教育。长期汉化的结果，"其都城周回千八百四十步，于坐室画鲁哀公问政于孔子之像"；"有《毛诗》《论语》《孝经》，历代子、史、集，学官弟子，以相教授"；"其刑法、风俗、婚姻、丧葬与华夏大同"。同样，于阗也对中原王朝心向往之。《通典·边防八·西戎四》记载，于阗"自汉孝武帝至今，中国诏令、书册、符节，悉得传以相付，敬而存焉"。《新唐书·西域传》也记载："自汉武帝以来，中国诏书、符节，其王传以相授。"这是汉武帝以来经略西域作用的显著例证。这些"诏书、符节",不但是中原王朝与于阗联系的真实记录，而且也体现了于阗对中原王朝的文化认同。这表明，汉以来中原王朝长期的西域经营，奠定西域的中原认同，是唐顺利在西域建立州县、贯彻中央决策、实施各种制度的基础。

唐太宗自述其治国理念，其中之一为："自古皆贵中华贱夷狄，朕独爱之如一。"这种华夷一家的思想，成为唐在西域开拓进取的理论基础。也正因为唐太宗视华夷如一，他能够在距长安万里之遥、蕃族人口众多的沙碛之地，建立唐朝州县，实行唐朝制度。以德抚之，可以变夷为夏，这是唐代经略西域的理论基础。而正因为唐代具有这种不限华夷的开放思想，唐治理下的西域才空前繁荣，真正成为唐之土宇、国之藩屏，达到了唐代倾全国之力艰苦卓绝经略西域的目的，唐代的丝绸之路也因之达到鼎盛。但唐太宗的华夷一家的思想，并不是空穴来风，而是魏晋南北朝以来民族交融、中国与外部世界联系发展更为密切的结果。两汉以来丝绸之路的开辟发展，奠定了唐代丝绸之路兴盛的基础。唐代对汉以来西域经略成果发扬光大，并以开放的胸襟、更加积极进取的力度和气魄，使之达到顶峰，开拓了丝绸之路的新局面。这是唐代在"丝瓷之路"承上启下地位中"承上"的一面。

四、陆上丝绸之路的衰落与海上丝绸之路的兴起

唐代在"丝瓷之路"中"启下"的地位，体现在促进海

上丝绸之路的兴盛上。

海上丝绸之路与陆上丝绸之路共同构成古代中国与外部世界交流贸易通道。海上丝绸之路形成于秦汉时期，经三国至隋唐时期的发展，在宋元时期进入空前繁荣时期。

安史乱后，由于吐蕃占据河陇，唐与西域联系逐渐断绝，陆路丝绸之路衰落，至宋代依然一蹶不振。陆上丝绸之路衰落的根本原因，是中国古代政治中心东移和经济中心南移。

"秦中自古帝王州。"汉唐定都长安，政治中心在关陇地区。正如陈寅恪先生指出的："李唐承袭宇文泰'关中本位政策'，全国重心本在西北一隅，而吐蕃盛强延及二百年之久。故当唐代中国极盛之时，已不能不于东北方面采维持现状之消极政略，而竭全国之武力财力积极进取，以开拓西方边境，统治中央亚细亚，藉保关陇之安全为国策也。"[1] "关中本位政策"使唐重心在西北，保有西域，是唐之国策。对唐而言，西域是防护国家安全重中之重，为腹心、根本，因而唐势必将西域纳入版图，开拓进取，将疆域推向更西，以确保唐的长治久安。汉虽没有"关中本位政策"，但汉政治中心也在西北的关陇地区。为确保政治中心地区的安全，汉唐两朝在军事上、经济上都积极开拓丝绸之路，保证丝路贸易畅通。

五代、宋以后，国家政治中心东移至开封、杭州、南京、北京，西北地区在国家安全战略中地位下降，从腹心之

---

[1]陈寅恪：《唐代政治史述论稿》，上海古籍出版社，1982年，第133页。

地变为周边地区。由于多民族政权的建立，北宋以来，西北地区的开发并不构成国家战略重点，多采用消极之策，不积极开拓。因此，政治中心的改变，直接导致了陆上丝绸之路的衰落。

中国古代经济中心的南移，促进了海上丝绸之路的兴盛。唐以前，中国北方的经济远远高于南方，国家经济重心在北方。南朝以来，南方经济有了长足进步，经过隋和唐代前期百余年的发展，江南经济繁荣，超过北方，导致唐中期以后中国经济重心南移。江南经济发展与海外贸易互为因果，唐以后海路交通的便捷、海外贸易的繁盛、新航道的开辟和航海技术的提高，都促使海上丝绸之路的兴盛；而经济重心南移，为海外贸易提供了大量商品和市场，发展海外贸易成为国家经济要务。因此，随着中国政治中心东移和经济重心南移，海路成为沟通中西的主要交流通道，中西交通进入了扬帆远航的新时代。

隋唐时期，中国古代的瓷器生产和贸易也进入繁荣发展期，已形成的海上丝绸之路，更推进了陶瓷贸易的兴盛，海上丝绸之路真正成为一条瓷器之路。这条陶器之路从隋唐以前陆上丝绸之路的补充形式，演变为中国与外部世界交往的主要通道，其光芒超过了陆上丝绸之路。至此，"丝瓷之路"才发展完善。

（原载《中国社会科学报》2020年9月7日）

行到安西更向西：隋唐时期丝绸之路的开发

隋大业二年（606），裴矩利用在张掖管理西域诸国商人互市之便，广泛调查西域各国国俗、人口及山川险易等，撰写了西域历史地理领域里程碑式著作——《西域图记》。在《西域图记序》中，裴矩记载了由敦煌至西海（地中海）的三条交通路线。其中北道从伊吾（新疆哈密），经蒲类海（巴里坤淖尔）、铁勒部（乌鲁木齐北）、突厥可汗庭（大裕勒都斯河谷），渡河，至拂菻国（拜占庭），达于西海；中道从高昌（吐鲁番），经焉耆、龟兹（库车）、疏勒（喀什），度葱岭（帕米尔），又经𰷼汗（费尔干纳盆地）、康国（乌兹别克斯坦撒马尔罕）、安国（布哈拉）、穆国（土库曼斯坦马雷），至波斯（伊朗），达于西海；南道从鄯善（新疆若羌），经于阗（和田）、朱俱波（叶城）、喝盘陀（塔什库尔干），度葱岭，又经挹怛（阿富汗巴尔赫）、帆延（喀布尔）、漕国（克什米尔地区），至北婆罗门（印度），达于西海。裴矩所记的三道，正是丝绸之路的交通路线，其中北道为草原丝绸之路，中道、南道为沿天山以南通向地中海世界的主要通道，而对分布在丝绸之路上玉门关、阳关以西的广大地区，则统称为西域，而开发丝路，即经营西域。

《西域图记》不只是一部集大成的西域地理著作，还是隋唐两朝开发丝绸之路的指导纲领。在《西域图记》中，裴矩指出了突厥、吐谷浑阻遏西域诸国贸易交通，导致丝路不畅的现状，提出击败吐谷浑、分化突厥、开发西域的构想，并指出进入西域的途径和方法。隋炀帝将"四夷经略"委任裴矩。大业五年（609），隋出兵平定吐谷浑，奠定了隋开发丝绸之路的基础。迈出这一步后，隋设鄯善郡、筑新伊吾城，控制了丝绸之路南北两道的入口。接着，隋炀帝恩抚高昌，确立了高昌臣属于隋的关系。但由于铁勒力量尚强，高昌未彻底变成隋领地，西域的三道门户尚缺其一。这关键的一步，只能留待唐朝完成了。

唐代的丝路开发不是一蹴而就的，经历了曲折艰辛的历程，其间可分为六个阶段，即：武德二年（619）至贞观四年（630），贞观四年平突厥后至贞观十二年（638），贞观十三年（639）至龙朔二年（662），龙朔三年（663）至神龙元年（705），神龙初至天宝十四载（755）及安史乱（755）后。

武德二年至贞观四年是唐经略西域的第一阶段。这一时期，唐刚建立不久，统一战争迫在眉睫，经营西域并不构成唐战略的主要部分。唐将对西域的招致交付河西地方，委任凉州总管（都督）全权处置；经略方式主要通过外交手段，加强联系，保持与西域诸国往来；而对控制西域的西突厥，则许以和亲，以达到牵制东突厥的目的。虽然所行之策为隋分化瓦解突厥"远交近攻"政策的延续，但凉州总管杨恭仁

"素习边事，晓羌、胡情伪，民夷悦服，自葱岭已东，并入朝贡"（《资治通鉴》卷一八七"武德二年二月"条），招致西域近三十国，唐已扩展了在西域的影响力。贞观初张弼出使西域，"历聘卅国，经涂四万里"（《张弼墓志》，见胡戟、荣新江主编：《大唐西市博物馆藏墓志》上，北京大学出版社，2012年，第224—226页），不是追随大业年间来隋诸国，而是对杨恭仁招致来唐的西域诸国的回访。杨恭仁招致西域，为唐贞观中大规模进入西域奠定了基础。这一时期可以称为唐经略西域的准备期，也可以说是进行初步试探的时期。

贞观四年唐败颉利可汗，灭东突厥，为西域经营提供了新的机遇。东突厥的灭亡威慑西域，促使伊吾归附，唐在丝路开发中取得初步进展。唐在伊吾设置州县，百姓"同于编户"，这背后贯穿着战略规划，即绝不仅仅是为得伊吾一地，而是要建立经营西域的前沿根据地，将唐国界向西部推进。但初平颉利可汗后的国力，并不能使唐太宗全面铺开经营西域的计划。户口未复，仓廪空虚，是经营西域进程受阻的主要原因。贞观四年至十二年是唐经营西域的积极准备期。这期间唐一边休养生息，励精图治；一边利用东突厥破灭后的机会，逐步向西域推进，如因焉耆拟重开大碛路，试图打破高昌对西域交通的封锁；以册立西突厥可汗的方式，控制西域秩序，为进一步开展经略西域的战争创造条件。同时，唐扫平了经营西域的外围障碍，远征吐谷浑，与吐蕃和亲，解除经略西域的后顾之忧。贞观十二年末西突厥分裂，自相攻战，为唐进军西域提供可乘之机。经过十余年的筹划和准备，唐终于开始实施全面经营西域计划了。

贞观十三年到龙朔二年，是唐全面铺开经营西域时期，也是唐代经营西域的高峰期。贞观十三年唐出兵高昌，十四年（640）高昌平。此后，唐太宗力排众议，在可汗浮图城设置庭州，下辖金满、轮台、蒲类三县；在高昌国故地设西州，下辖高昌、交河、柳中、天山、蒲昌五县，并成立安西都护府，每年调发1000多名士兵守卫。这样，唐在西北设置的伊、西、庭三州连为一体，基本上控制了东部天山地区，伊、西、庭三州成为唐控制西域的前沿阵地，安西都护府为唐朝大规模、有计划地进军西域、中亚，经略丝绸之路，奠定了基础。

贞观十六年（642），安西都护郭孝恪更向西拓展，目标直指西突厥。贞观十八年（644），郭孝恪领兵击焉耆，二十一年（647），借北边破薛延陀之机，乘胜讨龟兹，破焉耆，全面控制西域南道，并解决了西突厥的问题。贞观末，太宗经略西域达到顶峰。高宗永徽二年（651）至显庆三年（658），唐以平定阿史那贺鲁叛乱为契机，在西域各地设立羁縻府州，不仅确立了唐朝统治西域的新秩序，而且奠定了唐在此后一个半世纪时间里对西域进行有效控制的基础。这一时期，唐通过几次大规模的军事行动，全面控制了西域，并向天山南北发展。唐对西域经营每前进一步，都是对北方边境开拓成功的结果。击败突厥、薛延陀，招慰铁勒，一方面使唐专心在西域用兵，无后顾之忧，另一方面也为唐经营西域补充兵源，大量游牧兵随唐进军西域，使唐在西域的战争取得摧枯拉朽之效。

龙朔三年至神龙元年，吐蕃参与到西域的角逐中，唐代经营西域进入了持久战时期，这是唐代西域经营的巩固期。

神龙初至天宝十四载，是唐代经营西域的发展期。这一时期的最大特点是大食在吐蕃之后，加入了对西域的争夺。大食扩张是7、8世纪欧亚历史上最重要的事件。实际上，终天宝之世，大食势力一直未达到葱岭以东，对唐并不构成致命威胁。但大食向中亚的扩张和与吐蕃的联兵，对唐代的西域形势产生重大影响。这一时期，唐经营西域的重点是隔断吐蕃与大食的联合。天宝十载（751）唐与大食直接交战。怛逻斯之战，一方面使唐势力退出葱岭以西，一方面由于一些兵士及工匠被俘，导致了中国造纸术的西传。但怛逻斯之战对唐在葱岭以东的政治并无影响。

安史乱后，唐西北边军撤出西域，安西、北庭都护府成为孤岛。面对吐蕃的进攻，安西、北庭孤军奋战，为唐坚守，自筹经费，苦苦支撑，至贞元十九年（803）全部沦陷。这是唐经营西域的坚守期。

综上所述，隋唐西域经营都经历了不同历史阶段，呈现出曲折的特点，这表明西域经营的艰苦卓绝，展示了唐代勇于开拓进取的精神风貌。

西域经营与中原王朝国力强弱、政治清浊、经济繁衰直接相关。当隋唐国力强盛、经济发展时，西域稳定；反之则西域动乱，甚至脱离中原王朝。隋末政治混乱，丧失对西域控制；唐安史乱后国家由盛转衰，也成为西域经营的转折点，虽安西、北庭艰苦坚守，还是丧失了"安西万里疆"。唐太宗曾对群臣说："朕始即位，或言天子欲耀兵，振伏四夷，惟魏徵劝我修文德，安中夏，中夏安，远人伏矣。今天下大安，四夷君长皆来献，此征力也。""中夏安，远人伏"，正是中原王朝与边疆治乱相连关系的概括，边疆稳定系于国家内部之平安。而隋唐经营西域的演变历程，正是西域与中原休戚与共的证明。

隋唐时期奉行"关中本位政策"，其重心在西北，因而隋唐倾全力经营，开拓进取，将疆域推向更西。隋代经营西域较晚，炀帝因在东北亚穷兵黩武而灭亡，开拓西北计划未完全展开。而唐面对从北、南、西三面向西域交集的突厥、吐蕃、大食，深思熟虑，周密部署，开拓进取，开发丝绸之路更具有复杂性和艰巨性。唐代在西域并非盲目开疆拓土，其目的"不以远物为珍，匪求遐方之贡"，而是出于国防安全的深谋远虑，为了国家统一，"亦存声教"，使汉文化进入西域，保证天下之长治久安、四海宁一，实现天下太平的治国理念。因此，唐代西域经营格局宏大，气象万千，开拓了西域经营的新局面。岑参的边塞诗脍炙人口，其中一首《过碛》诗云："黄沙碛里客行迷，四望云天直下低。为言地尽天还尽，行到安西更向西。""行到安西更向西"，正体现了唐代经营西北精神风貌，是唐代开发丝绸之路的写照。

（原载《中国社会科学报》2015年1月28日）

银币贸易圈与白银贸易圈：丝绸之路上的萨珊银币

20世纪以来，中国境内出土和发现了大量萨珊银币，引起中外学者的广泛关注，成为钱币学研究的热门问题。

一、中国境内发现的萨珊银币

目前中国境内已发现萨珊银币1900多枚。萨珊钱币沿丝绸之路进入中国境内，在中国分布较广，密集于新疆和唐两京（长安、洛阳）及其周边区域，形成了与自东向西的"绢之路"相对应的自西向东的"银之路"。其具体分布：新疆1145枚，主要聚集于吐鲁番和乌恰山地区，出土银币墓葬年代主要为7世纪，也有晚至8世纪者；西安、洛阳附近地区560枚，埋藏时代主要集中于隋、唐两代，出土方式有墓葬、塔基、窖藏、征集等；西安以西的甘肃23枚、青海76枚、宁夏3枚，出土方式为墓葬、窖藏和征集，银币时间为5、6世纪，但也有隋唐时期埋藏者。此外，尚有河北41枚、湖北15枚、内蒙古4枚、辽宁2枚、山西数十枚，可视为唐两京钱币的辐射地区。这些均与波斯、粟特商人由陆上丝绸之路进入中原贸易有关。

通过海上丝绸之路来华的银币，主要分布在广东，有32枚，其中曲江南华寺古墓出土银币碎片9枚，英德南齐墓出土3枚，遂溪县边湾村窖藏20枚，年代比新疆及唐两京等地埋藏时间早。江苏南京也发现1枚南朝时期埋葬的银币，也可被视为通过海上丝绸之路进入的。

二、萨珊银币在唐代的行用

萨珊（Sāsānian）王朝（224—651）货币以银币为主。随着萨珊王朝的强大和扩张，萨珊银币成为广泛流通于西亚、中亚地区的通货。正如夏鼐先生所指出的，"萨珊银币当时在中东、近东和东欧，是和拜占庭金币一样，作为这样一种国际货币而广泛地通行使用的"。

据《大慈恩寺三藏法师传》记载，玄奘告别高昌王时，高昌王为玄奘准备行装，并赠大量财物，有"黄金一百两、银钱三万、绫及绢等五百匹"。玄奘此行向西，高昌王赠"银钱三万"，即三万文。这些银钱是西行途中的主要通货。

经过中外学者研究，尤其是将银币与吐鲁番文书结合，可以得出肯定的结论，即新疆等地的银币，在隋唐时期，是作为货币使用的。据《隋书·食货志》记载，可知自北周以来，西北地区行用西域金银钱。从中国境内发现的钱币看，拜占庭金币是否在中国依然为流通货币，尚有疑问。但萨珊银币，无疑在隋唐时期流通于西北地区。吐鲁番文书中以银币购买、支付、交税的现象大量存在，银币既是支付手段，又是价值尺度。银币与唐代国家法定货币开元天宝铜钱的比价，是1：32，即1文银钱等于铜钱32文。

不局限于吐鲁番地区，唐代使用银币作为通货的范围要大得多。《唐六典》卷三"户部郎中员外郎"条记载："凡诸国蕃胡内附者……上户丁税银钱十文，次户五文，下户免之。"自武德七年（624）始，蕃胡税银钱。税银钱的蕃胡包括突厥、铁勒等游牧部族。唐代西北、北方、东北城傍游牧部落都以银钱作为支付手段。

城傍的蕃胡税银钱，表明唐代银钱在更广阔的范围内行用。这也与中国境内的萨珊银币沿新疆、甘肃、青海、宁夏至长安、洛阳，又沿山西、内蒙古、河北、辽宁向东北延伸的路线相符合。西北、北方、东北城傍部落以银钱为通货，可能主要是由于粟特商人的影响。粟特人广泛活跃于突厥、铁勒等游牧部落中，以自身携带的银币作为支付手段和价值尺度，也将银币行用范围扩展到草原游牧部族中。

唐代已形成了一宽阔的萨珊银币行用区，这一区域包括绿洲丝绸之路和草原丝绸之路。在这一区域内，萨珊银币具有货币功能。萨珊银币充当一般等价物时，银币按其数量单位，即以"文"来计算。这样的行用区与在中国境内自新疆至东北的陆上丝绸之路线上发现萨珊银币的区域是一致的。

三、海上丝绸之路入华的银币：碎块化和银铤化

海上丝绸之路上萨珊银币与其在绿洲和草原丝绸之路上

的遭际不同。

目前广东省发现的波斯银币中，曲江南华寺银币碎片各片大小不等；英德墓出土银币均被无规则切割过，切边大小不一；遂溪县边湾村窖藏银币上都有穿孔，充当了可悬挂的银质首饰。除被穿孔作为悬挂装饰物而能保持完整外，其他的银币都因被切割成碎片而得以保存。银币的切割具有随意性，切割者并未考虑银币的铸造图案、币面价值等。易言之，这些银币并未被视作货币，而只是将其作为散碎银块使用。

唐代岭南未发现波斯银币。岭南是波斯人通过"海上丝绸之路"入华的第一站，与陆上丝绸之路的新疆具有同样重要的地位。但没有一枚萨珊银币被发现于唐代岭南遗址、墓地及窖藏中，令人费解。唐与波斯海外贸易发展兴盛，显而易见，波斯商人携银币入华贸易，也同样不容置疑。但为什么唐代岭南没有波斯银币出土？易言之，由海路入唐的波斯商人携带的银币流向何处？这是引人深思的问题。

广东发现的银币碎片和西安出土的伊娑郝银铤，都暗示了这个问题的答案。

伊娑郝银铤铭文第1行记载："阿达忽□频随沙等纳死波斯伊娑郝银壹铤，伍拾两。官秤。"此银铤是波斯商人伊娑郝（ishaq）的遗产。但这50两银铤是在伊娑郝死后重铸的，伊娑郝本人入唐携带的并不是这笏重50两的银铤，而是银币。

9世纪中叶游历广州的阿拉伯商人苏来曼著《中国印度见闻录》，描述了外国客商在唐的商贸情况："如果到中国去旅行，要有两个证明：一个是城市王爷的，另一个是太监的。……而太监的证明上则注明旅行者随身携带的货币和财产。"波斯、阿拉伯商人携带入唐的是金银货币，而不是白银。这与出土文物情况也相符合。1959年，新疆乌恰县发现金条和大批波斯银币，其中金条13根，银币共计947枚。埋藏金条、银币之地，位于古代葱岭以北的深山谷中，近旁可能是一条中西交通古道。据估计，金条、银币主人可能是唐代一位在东西方（粟特、波斯、大食）进行国际贸易的商人，在旅途上遇到了强盗，仓促逃走时将所带金条银币埋在路旁。这位商人携带的是银币而不是白银。可见无论是陆路还是海陆，粟特、波斯、大食商人入华携带的都是银币，而不是块状或铤状的白银。

波斯人伊娑郝携带的银币被重新铸为银铤。这可能是我们理解为何唐代岭南不见波斯银币问题的关键。

自南北朝至隋唐时期，粟特、波斯、阿拉伯商人进入广州，携带了大量银币作为通货。这些银币并未像新疆地区一样完整保留下来，而是或成碎片，或杳无踪迹。究其原因，当与这一时期岭南地区的货币形态直接相关。六朝以来，岭南的货币体系不同于中原。《隋书·食货志》记载："交广之域，全以金银为货。"这里的金银，不是指金银钱币，而是指金银本身。在作为货币使用的金银中，银更普遍。金银计价不是以数量单位"文"计，而是以重量单位"斤""两""钱"计。

广东曲江、英德出土的银币碎片，正显示了银币被切割成银块使用的情况。也正因为岭南地区以银块作为通货，波斯银币才没能保存银币形状，变成了面目全非的碎片。这种碎片，则是当时岭南贸易中的货币。

唐代货币以开元天宝铜钱为本位，与绢帛"钱货兼行"。但岭南地区则以银为主要通货，"百姓市易，俗既用银"。不仅民间用银交易，官府财务收支，也以银计算，银的计量单位是"两"。岭南还以白银纳税、进贡。因而，唐代岭南地区以白银为价值尺度和支付手段，与中原地区截然不同，与以银币为支付手段的绿洲、草原丝绸之路也不同。

粟特、波斯、阿拉伯商人携带的银币，进入白银货币化的岭南地区，纳入了岭南以白银重量计量而不是以银币数额计量的价值体系中。不论在官府还是百姓交易中，萨珊银币只是含有高质量银的银块，其币面价值，并不在交易中起任何作用。萨珊银币纯度85%~90%，杂质较少，可以直接熔铸，几乎等同白银。在岭南的货币背景下，萨珊银币和岭南的散碎银块没有区别，因而或被切割成碎片，或像伊娑郝携带的银币一样，在岭南最终被熔铸成铤状、饼状的银铤或银饼。纳入官府者，上贡中央，或充作军饷或赏赐之用；流行于民间者，也被切割或重铸成唐代通行的块、饼、铤形状，被反复使用。

不论纳入官府还是流落民间，萨珊银币在岭南都丧失了其本来面目，与岭南地区生产、交易的白银融合在一起，难分彼此了。这正是迄今为止我们无法在岭南地区发现唐代窖藏、埋葬的萨珊银币的主要原因。

萨珊银币由陆上丝绸之路和海上丝绸之路入华的命运截然不同。陆上丝绸之路的银币以数量计，单位是文；海上丝绸之路以重量计，主要单位是两。绿洲、草原丝绸之路上，萨珊银币进入银币贸易圈，作为通货，充当一般等价物，故而保存完整；由海上丝绸之路入华的银币，则进入白银贸易圈，只被视作白银，变成了块、饼、铤形状，不见真身了。波斯银币在丝绸之路经济带和海上丝绸之路的不同命运，值得关注。其不同的背景，昭示了南北朝隋唐时期西域、南海的地区性经济差异。

萨珊银币见证中西文化交流

一、山西省朔州市博物馆的萨珊银币

山西省朔州市博物馆展厅里陈列一枚萨珊银币，并附有说明文字："唐代。直径2.9厘米，重3.6克。呈不规则圆形，无孔，宽平缘，两面压印有纹饰。正面是王者侧面半身像，像外是连珠圆圈。王者冕上的圆圈上有一雉堞形饰纹，圆圈外两侧及下端各饰一新月。背面正中是祭坛，其两侧各

朔州博物馆萨珊银币

有一站立的祭司。左侧祭司外似以钵［罗］婆文铭文，可能是国王名。再外是连珠圆圈。……此枚银币应是唐时波斯国同我国通过丝绸之路往来贸易时之遗物。"根据银币国王冠式、国王形象、外缘特点及铭文，可知此钱币应为库思老一世（Khosrow I，531—579 在位）时所铸的银币。

关于我国现存的萨珊银币，孙莉等学者已进行了详细统计，大致估算为 1900 多枚，具体分布情况是：新疆 1145 枚，长安、洛阳两京附近地区 560 枚，甘肃 23 枚，青海 76 枚，宁夏 3 枚。此外，尚有河北 41 枚，湖北 15 枚，内蒙古 4 枚，辽宁 2 枚，山西 50 枚，广东省 32 枚，南京 1 枚。近年来，在交河沟西、巴达木、木纳尔、阿斯塔那等墓地清理中发现银币 13 枚，山东东阿出土 3 枚。在这些统计和报道中，朔州市博物馆这枚银币并未包括在其中。

库思老一世在位时间很长（48 年），他向东西方开疆拓土，颇有建树，其统治期堪称萨珊王朝的黄金时代。库思老一世铸币甚多，不过我国所发现的库思老一世银币并不多，仅陕西耀县、河南陕县、新疆乌恰发现 5 枚。但值得注意的是，蒙古国立博物馆 2015 年新入藏萨珊银币 200 枚，其中有卑路斯一世（457—484 在位）16 枚，卡瓦德一世（488—496、498—531 在位）33 枚，库思老一世 150 枚。库思老一世钱币占这批钱币的四分之三，正体现了库思老一世铸币之多及其流传之广泛。朔州市的这枚银币，为中国境内出土库思老一世银币的重要补充。

这枚萨珊银币出土于朔州市武警支队工地唐墓。究其来源，当与内附于朔州附近的铁勒等部落有关。贞观四年

（630），唐平突厥颉利可汗，一些铁勒部族随突厥内附。据《册府元龟·外臣部·征讨四》记载，贞观四年三月，"思结部俟斤率众四万来降"，唐将之安置在河东代州（今山西代县）地区。内附的诸蕃族，所纳赋税与中原百姓不同，他们以"羊钱"为赋税，即如《唐六典》卷三所记载的："凡诸国蕃胡内附者……上户丁税银钱十文，次户五文，下户免之。附贯经二年已上者，上户丁输羊二口，次户一口，下户三户共一口。"蕃胡初附和加入唐户籍后，根据其生产生活方式，可纳银，亦可纳羊，按户等征收的银钱和羊，省称为"羊钱"。"唐仪凤三年（678）度支奏抄"记载了银钱的征收："其所税银钱，每年九月一日以后，十月卅日以前，各请于大州输纳。"思结部内附于代州，其他铁勒诸部内附在朔州附近，都属于"诸国蕃胡内附者"，而朔州、代州则为掌控这些蕃族的"大州"，故而收纳了内附蕃族所纳银钱和羊等。朔州市的这枚萨珊银币，可能就来自唐朔州周边内附蕃族按照户等所交纳的赋税——银钱。思结部内附在贞观初，这枚银币也将置于代州、朔州之北的铁勒诸部交纳"羊钱"的时间提前到了贞观年间（627—649）。

二、草原丝绸之路上的银币贸易圈

开元年间（713—741），内附蕃胡纳银钱和税羊的制度在河东地区仍在实施。开元四年（716），漠北拔曳固斩突厥可汗默啜，铁勒的拔曳固、回纥、同罗、霫、仆固五部降唐，唐将这些部落安置在朔州之北，这些部族仍然交纳"羊钱"为税。

以银、羊为税，与唐代的赋税体系不合。唐代前期中原百姓所纳赋税，多征收粟米等谷物粮食、绢布等丝麻织品（租、调），或征各种杂物、铜钱（开元通宝），或按丁口征发徭役。以银、羊为征税物，是对内附诸国蕃胡采取的不同于华夏的特殊税制，它以内附蕃国本身的税制为模仿对象，甚至可能是沿袭内附蕃国在周边或域外的税收旧制。以羊为税，符合游牧民族的生活习惯，毋庸置疑；而税银钱，则体现了草原丝绸之路上萨珊银币的贸易与流通状况，这是由草原丝绸之路的银币贸易圈决定的。

夏鼐先生指出："萨珊银币当时在中东、近东和东欧，是和拜占庭金币一样，作为这样一种国际货币而广泛地通行使用的。"结合蒙古国发现的大量萨珊银币，可将萨珊银币的行用范围扩大到欧亚草原。隋唐时期漠北的铁勒、突厥地区为萨珊银币的行用范围，而自漠北向西，西突厥也以银币为通货。

目前，萨珊银币传播最西至地中海沿岸，北至高加索山区。从辽东、漠北到高加索，正是突厥、铁勒诸部族及东方的奚、契丹等活动范围。在广袤的欧亚草原上，萨珊银币与其在中亚、西亚一样，作为通货行用。这些欧亚草原的部族，也大多以银、羊为征税对象。

铁勒诸部内附后所税的银、羊，是对漠北税制、币制的延续。随着铁勒部族向唐迁徙，他们将漠北的货币形态带入太原以北，也使萨珊银币的行用范围扩展到唐农耕区的边缘，逐步进入唐朝腹地。

不论是源于漠北还是内附的铁勒部族，萨珊银币都与草原游牧民族有关。易言之，即与草原丝绸之路有关。草原丝绸之路是蒙古草原地带与欧亚大陆沟通交往的交通要道，其主线为从中原地区向北，经过阴山（今大青山）、燕山一带的长城沿线，北越蒙古高原，西经南俄草原、中西亚北部，至欧洲大陆北部地区。

东北草原之路是从河西，经包头、呼和浩特、大同，通过河北北部进入赤峰，到达辽宁辽阳。中国境内发现的萨珊银币，与这条草原丝绸之路路线相吻合。目前我国山西大同、河北定县和辽宁朝阳都发现北魏时期的萨珊银币，可见萨珊银币由东北草原之路入华，已有悠久的历史。《隋书·食货志》所谓的"河西诸郡，或用西域金银之钱，而官不禁"，正是对萨珊银币行用圈的记录。

三、粟特人在萨珊银币东传中的作用

北魏时期，萨珊银币通过贸易、交流、朝贡等多种途径入华，但随着草原丝绸之路的发展，粟特商人在将银币输入至内陆欧亚草原游牧部落，并使之货币化方面，起到了不可替代的作用。

粟特人是中亚的商业民族。他们广泛活跃于丝绸之路上，对东西贸易贡献颇大。他们也是萨珊银币东传的主要输入者。南北朝以来，粟特商人来华众多，携带大量萨珊银币进行经贸活动，使萨珊银币流入草原与绿洲丝绸之路。北齐、北周和隋唐时期，粟特人更多出现在突厥、铁勒等游牧

部落中，著名的粟特商队首领马尼亚赫（Maniakh，？—571?）即是较为突出的一个。他不但活跃在西突厥所到之处，利用突厥的军事活动开展丝绸贸易，而且还受命于西突厥可汗室点密，作为突厥使者出使拜占庭，为突厥与拜占庭建立了联系，积极扩展了丝绸贸易范围。这些粟特商人进行贸易的支付手段和价值尺度，就是自身携带的萨珊银币。伴随着粟特商人的足迹，萨珊银币行用范围扩展到草原游牧部族，进而弥漫于欧亚草原，形成了草原银币贸易圈。

四、从漠北到唐朝腹地

铁勒部族从漠北到河东，进入太原以北，带入了游牧经济，也带来了行用的银币，将草原丝绸之路上的银币贸易圈扩展到唐腹地。

从漠北到河东，是铁勒部族的迁徙路线，也是萨珊银币从漠北到河东的行用之路。草原丝绸之路更为繁盛，萨珊银币行用之路也因之向更广阔范围发展了。朔州萨珊银币的出土，正是萨珊银币伴随铁勒迁徙之路从漠北到河东行用的证明。

大中九年（855），韦澳为唐宣宗撰《诸道山河地名要略》（处分语），对朔州等地形势和民风记述为："自代北至云、朔等州，北临绝塞之地，封略之内，杂虏所居……纵有编户，亦杂戎风。比于他邦，实为难理。"朔州地处游牧与农耕经济交界地，是唐安置漠北归附部族和阻挡漠北游牧势力南下牧马的军事重镇，故而胡汉杂居，风俗彪悍。朔州也是联系漠北草原的重要通道。从朔州市唐墓中发现的萨珊银币看，草原银币贸易圈向唐腹地的扩展，并不始于开元中，铁勒向代北的迁徙，在唐贞观四年（630）平突厥后已经开始，河东地区的纳银钱制度已实行了近百年。因此，朔州博物馆藏的这枚萨珊银币，正是草原丝绸之路上游牧民族对东西方文化交流贡献的实证。

（原载《中国社会科学报》2021年11月8日）

从中亚到内陆欧亚：中外关系史研究室发展回顾

一、百废待兴的中亚史研究

1979年，历史所古代中外关系史学科从断代史中独立出来，成立了中外关系史研究室。时值"文革"结束，百废待兴。中国社会科学院建院伊始，就在历史所设置中外关系专门史研究室，一方面是为了在拨乱反正后恢复和构建新型的国际关系的形势下，对党和国家构建新的中外关系（尤其是与周边区域国家的关系）提供历史借鉴；另一方面也是适应国际学术发展趋势，调整学科战略、开展中亚史研究的需要。

历史所已故副所长熊德基先生在1986年11月13日给余太山先生的信中，提到了中外关系史研究室设立的经过，信中说：

> 回忆八年前（1978年，作者注），胡乔木掌院不久，因联合国的我国参加"教科文"组织的工作人员向

外交部反映，该组织资助的"中亚史"（即《中亚文明史》，作者注）编委，为苏联所把持，如巴基斯坦等国参加者希望中国能参加而代表他们吐气。外交部征求我院意见。院部同志找梁寒冰、尹达同志和我商量，感到我国史学界这方面无基础，我所更难为力。惟我认为此情况属实，但我们不应长期不参加国际学术界的活动，争取发言权；和可藉此而发展这方面的研究。院里同志赞同此意见。初步决定在我所建立你室。我在联大学习时，知孙先生通英、法、日语，青年时也作过秦汉史的研究。此外惟马雍同志精通英、俄文（他本是北大西洋史研究生），又承家学，对于中国史的考证能力颇不弱（1958年他随我去昌黎参加流县县史的编撰工作，对于古代史的考证即有所表现）。因决定由他们二人分任正、副组长。

中外关系史研究室为配合联合国教科文组织编纂的《中亚文明史》（*History of Civilizations of Central Asia*）、为在国际中亚史研究学术界有中国自己的话语权而设。可想而知，研究室设立伊始，即以开展中亚史研究为当务之要。从某种意义上说，中国社会科学院历史所中外关系史研究室的成立，标志着中国中亚史研究的复苏。

以治秦汉史、西域史及近代中外关系史见长并精通英、法、日语的孙毓棠先生（1911—1985）任中外关系史研究室主任，精通英、俄文，长于唐以前中亚和中西交通史研究的马雍先生（1931—1985）任研究室副主任。在较短的时间

孙毓棠先生 马雍先生

内，在社科院及历史所各级领导、各有关职能部门的热情关心和有力扶持下，在孙毓棠、马雍先生的中亚史研究基础之上，古代中外关系史学科从无到有，由弱到强，成长壮大起来，中国的中亚史研究呈蓬勃态势。

孙毓棠、马雍两位先生除扭转个人研究方向，积极为中亚史研究著书立说之外，还规划中外关系史研究室发展方向，为中外关系史学科和中国中亚学的发展殚精竭虑，孜孜以求。这表现在以下几个方面：

1. 培养中亚史方向研究生

培养人才，是孙毓棠、马雍两位先生对学科发展的重要贡献。1978年，余太山、林金水、罗益群成为历史所中外关系方向首批研究生，由孙毓棠先生指导。余太山先生在其《学术自传》中写道：

1978年，我考取中国社会科学院研究生院历史系中外关系史专业。我的学术生涯从此开始。这一年我33岁。我的研究方向是古代中亚史，导师是孙毓棠先生。他给我指定的研究课题是嚈哒史。此前，我不仅对嚈哒，而且对古代中亚一无所知。

余太山关于嚈哒、林金水关于利玛窦、罗益群关于贵霜的研究，在当时都是拓荒性的。孙先生所费心力，可想而知。1979年，孙、马二先生合作招收指导梁禀九、宋晓梅等研究生；两年后马雍先生又招收吴玉贵为研究生。孙、马二先生培养的学生今天大都成为中外关系史学界的领军人物，

余太山先生

余太山、宋晓梅、吴玉贵毕业后留在了中外关系史研究室，余太山和吴玉贵还担任了中外关系史研究室的正、副主任，成为研究室的中流砥柱。

2. 筹建中亚协会

为了整合全国中亚史研究力量，孙毓棠、马雍先生积极筹备建立"中国中亚文化研究协会"。在院所领导支持下，1979年10月，"中国中亚文化研究协会"成立大会及第一届代表大会在天津召开，有来自北京、南京、新疆、内蒙古等

中亚文化研究协会成立大会

地的近百位德高望重学者参加。社科院梅益，历史所梁寒冰、熊德基、孙毓棠、马雍、陈高华等出席了大会，马雍承担了联系和组织工作。会上宣布"中国中亚文化研究协会"成立，推举陈翰笙先生为理事长，孙毓棠先生为副理事长，秘书处挂靠在中外关系史研究室。这是一次重要会议。中国中亚协会成立后，正式加入由苏联、巴基斯坦、印度、阿富汗、伊朗五国代表组成的国际中亚文化研究协会，成为其集体成员之一。因而中国中亚协会成立大会，是中国中亚研究走向世界的转折点。

3. 参加《中亚文明史》国际编委会

孙毓棠、马雍先生一直参加联合国教科文组织主编的《中亚文明史》国际编委会活动。马雍还任《中亚文明史》编委会委员、国际中亚文化研究协会理事，多次代表中国学者出席《中亚文明史》的编委会会议。中国学者在六卷本《中亚文明史》撰写了不少重要章节。至此，中国学者改变

《中亚文明史》书影

了脱离国际学术界的形象，在中亚史研究领域，赢得了话语权。

4. 主编《中亚学刊》

中国中亚协会成立后，孙毓棠、马雍先生为创办一份以中亚研究为主的学术专刊奔走呼吁，筹措编辑。1983年，国内第一本大型综合性中亚史研究刊物——《中亚学刊》第1辑由中华书局出版，极大地推进了中国中亚学的发展，标志着中国的中亚史研究揭开了新的一页。

《中亚学刊》第1—6辑书影

5. 创建中外关系史学会

孙毓棠、马雍先生还组织筹建了全国性学术团体——中国中外关系史学会。1981年5月，中国中外关系史学会成立大会暨第一届学术讨论会在厦门召开，国内著名中外关系史研究者60人出席会议，孙、马二先生分别被选为理事长、秘书长，秘书处也挂靠在中外关系史研究室。

中外关系史研究室建立之初，古代中亚史研究在我国还是新鲜事物。孙、马二先生对中国这一学科的建立和发展奠定了基础。主要由于孙、马两位先生的努力，中外关系史研究室成为国内较早从事古代中亚史研究的学术机构之一，为我国古代中亚史研究在新的历史时期取得长足进步作出了有目共睹的重要贡献。20世纪80年代前半叶，中外关系史研究室成为执我国中亚学研究之牛耳者，也成为古代中外关系史研究的重镇。

孙、马两位先生于1985年接踵去世。这是我国中亚学研究的重大损失，更给中外关系史研究室带来了不可估量的损失，中外关系史研究室丧失了我国中亚史研究中心的地位。但是，中亚史研究从此在全国遍地开花，蓬勃发展起来，离不开中外关系史研究室同仁的贡献；而中外关系史研究室至今在学术界尚保持着中亚史研究优势，也是孙、马两位先生奠定的基础。因而孙、马两位先生筚路蓝缕之功，尤不可殁。

二、艰难发展的中外关系史学科

1985年，夏应元先生（1929—）继任为研究室主任。夏先生精通日语，对古代中日关系研究独到，在日本学术界影响较大。夏先生临危受命之时，东京的一所大学正邀请他长时期讲学，待遇颇丰。为了研究室的利益，夏先生放弃了个人改善生活和研究条件的机会，毅然挑起了领导研究室的重任。

孙毓棠、马雍先生的去世，造成研究室人才断层。夏先生一方面充分发挥其在日本学术界的影响，打破中国与日本学术界隔膜的坚冰，在历史所组织中日学者共同参与的学术活动，加强中日关系史研究，提高研究室的地位；一方面克服重重困难，筹划和组织孙、马先生遗著的整理（1990年马雍先生遗著《西域史地文物丛考》由文物出版社出版，1995年孙先生遗著《孙毓棠学术论文》由中华书局出版，2007年余太山先生编选的《孙毓棠集》由中国社会科学出版社出版。余先生还编辑整理了孙先生的诗集，1992年《宝马与渔夫》由台湾业强出版社出版，2013年《孙毓棠诗集》由商务印书馆出版），培养、扶植青年学者，为研究室复兴积蓄力量。夏先生为研究室确立了集体项目"西域通史"，放手将主编交给进室工作不久的余太山先生。余先生不负众望，组织国内大多初出茅庐的中亚史研究者，群策群力，高质量完成了《西域通史》的撰写。目前《西域通史》成为这一领域的里程碑式著作。此后，余先生再接再厉，还主编了《西域通史》的姊妹篇——《西域文化史》。

值得一提的是，1986年5月，研究室还和苏州铁道师院合作，在苏州举办了中亚史学术讨论会。这次会议在中国中亚史研究上具有重要地位。参会代表50余人，除陈翰笙、陈高华、张广达等7位中亚文化研究协会负责人外，全部都是1979年协会成立以来涌现出的中青年研究者。这些学者济济一堂，畅所欲言，使会议始终朝气蓬勃、别开生面。这次会议，不但是中亚文化协会成立七年来成果的检阅，也是中国中亚史研究复兴的一次实力展示。余太山、刘迎胜、林梅村、王继光、芮传明、马小鹤、荣新江、沈卫荣等这些今日学界领军人物，在苏州会议上登台亮相，崭露头角。

在继续推进中亚史研究的同时，夏先生还注意鼓励其他中外关系史研究，并取得了可观的成绩。如2003年张铠撰著的《中国西班牙关系史》荣获由西班牙国王胡安·卡洛斯一世亲自签署的西班牙"天主教伊莎贝尔女王十字勋章"奖，耿昇因译介法国当代汉学家的名著数十部获得法国政府文学艺术勋章，都是80年代末学科发展奠定的基础。

陈高华先生在中外关系史学科发展中也发挥了不可替代的作用。陈先生是国际著名学者，长期担任中亚文化研究协会、中国海外交通史研究会（简称"海交史学会"）等多个学会领导职务。在孙、马先生去世后，陈先生众望所归，成为发展学科、开展中亚研究的精神支柱和坚强后盾。陈先生大力支持研究室发展，对研究室的每一步工作，都倾注了大量心血。他关心年轻人的成长，为他们制订研究计划，并提供出国进修机会，逐步改善研究室青黄不接的局面，培养、建立了中亚史研究的合理梯队。20世纪80年代末90年代初，《中亚学刊》的出版岌岌可危。陈先生和余先生一起花大力气保持《中亚学刊》编辑、出版不辍。《中亚学刊》第2辑到第6辑换了3个出版社，从中华书局，到北京大学出版社，再到新疆人民出版社。这体现了陈、余两先生苦心经营，竭力护持《中亚学刊》的艰辛历程。

三、构建中国的内陆欧亚学

1991年，余太山继任为中外关系史研究室主任。他的研究主要方向是伊斯兰化以前的欧亚史，重点在6世纪以前。他著有《嚈哒史研究》（齐鲁书社，1986）、《塞种史研究》（中国社会科学出版社，1992）、《两汉魏晋南北朝与西域关系史研究》（中国社会科学出版社，1995）、《古族新考》（中华书局，2000）等一系列著作，还在国外出版了 *A Study of Sakā History, A Hypothesis about the Sources of the Sai Tribes, A History of the Relationships between the Western & Eastern Han, Wei, Jin, Northern & Southern Dynasties and the Western Regions* 等多部著作，在外国欧亚学界颇受佳评，产生了较大影响。

余先生的研究主要在帕米尔以西，这是我国学术界非常薄弱的领域。他勇于开拓创新，在驾驭和利用非汉文史料、借鉴国外学者研究成果的同时，注意充分发挥作为中国学者的优势，不仅就习见史料提出新的见解，而且深入挖掘隐性史料，在此基础上重构历史。余先生的系列著作，不仅填补了中国内陆欧亚史研究的空白，而且另辟蹊径，勾勒出伊斯兰化以前的欧亚史的全新面貌，奠定了我国古代欧亚学研究的基础，并推进了这一学科向更广阔纵深的方向发展。

在研究室的学科发展中，余先生承上启下，为中国内陆欧亚学的建立及中外关系史研究室学科发展作出了重大贡献。他不但在国内学者罕有涉足的古代中亚学领域成果卓著，而且充分发挥学科带头人的作用，及时把古代中外关系史学科的研究重点调整为内陆欧亚史。

内陆欧亚学是突厥学、蒙古学、满—通古斯学、藏学、伊斯兰学、阿尔泰学、伊朗学、中亚学和梵学（印度学）等所谓"东方学"发展的结果。随着上述诸学科研究的深入，研究者逐渐认识到，这些学科事实上只是内陆欧亚学的分支，而要使这些局部研究取得突破性的进展，达到应有的深度，必须胸怀欧亚内陆全局。随着对中亚、东北亚、北亚研究的深入，内陆欧亚内部的联系逐渐被揭示，将内陆欧亚视为一个整体研究的观念日渐深入人心。于是，内陆欧亚学作为一门独立的学科便应运而生。

内陆欧亚学在欧美以及日、韩等国家历史悠久，方兴未艾。我国作为内陆欧亚的大国，深入开展内陆欧亚历史文化的研究更是责无旁贷，但我国的内陆欧亚史研究起步较晚，这与一个和内陆欧亚以及周邻地区关系密切并且学术发达的文明大国的形象颇不相称。

正是在这一形势下，余先生提出构建和发展我国内陆欧亚学的计划，以1999年第一期《欧亚学刊》出版为标志，将研究室重点转移到内陆欧亚学上来，使研究领域从中亚扩展至整个内陆欧亚。

《欧亚学刊》书影

这一研究方向的转变，并非一蹴而就，而是有一个长期酝酿的过程。这一过程是由余先生精心擘画，身体力行，研究所肯定、支持，研究室成员协调配合、逐步调整，共同完成的。在此附上余先生1991—2007年所撰写的四份学科发展规划，以展示中外关系史学科发展方向调整的过程。

1991年，余先生提出"关于中外关系史研究室发展方向的建议"：

中外关系史研究室自1979年成立以来，一直力图开展全方位的研究。由于古代中外关系史牵涉面太广，难度很高，加上种种客观条件的限制，一个研究室的力量实在难以胜任；虽然研究人员尽了最大的努力，但迄今点连不成线，线构不成面，更没有能够形成自己应有的特色。因此，兹建议今后研究工作变全方位展开为突出重点，所谓"伤其十指，不如断其一指"。而在一个研究室内，研究课题相对集中、彼此衔接、相互渗透，大大有利于研究人员之间的切磋和合作，这对于提高研究水平，多出、快出成果和人才，可以说是不可或缺的条件。

近年来，我室减员情况严重，不少卓有成绩的老专家不是去世便是离退休。现有人员的研究范围大致集中在西域史方面。而我室的西域史研究是孙毓棠、马雍两位先生奠定的基础，有关成果填补了国内若干空白，至今在学术界尚保持着一定的优势。有鉴于此，建议考虑以西域史研究为我室今后的主攻方向。

所谓"西域"，一般以为有广狭两义，其狭义指我国新疆地区。其广义指中亚地区，包括我国新疆、苏联四个加盟共和国（吉尔吉斯、土库曼、塔吉克、乌兹别克）和哈萨克斯坦南部、阿富汗、伊朗东北部、巴基斯坦北部，以及印度西北部。其实，在我国史籍中，"西域"这一概念所涵，除中亚外，至少还涉及南亚、西亚、小亚、北非和南欧。本建议所谓"西域研究"，其对象虽以中亚为主，但也包括中亚以外被我国史籍称为"西域"的地区。

我室的西域研究一开始就着重于公元前二至公元九世纪。在这方面虽然取得了一些成绩，但还有不少缺门。果以西域研究为今后主攻方向，则首先需要加强这一时期，尤其是帕米尔以西地区历史的研究。

应该指出的是，西域研究的基础在新疆研究，尤其对于中国学者而言，要使西域研究在国际上占一席之地，从新疆研究着手不失为一条捷径。由于新疆在地理、民族、宗教、文化等方面的特殊性，新疆史的课题大多在不同程度上属于中外关系史的领域。那种认为研究新疆与中外关系史研究无关的看法是片面的，因而也是不足取的。我室对新疆史的研究，不仅不可削弱，相反应当加强，特别要创造条件，加强新疆出土各种古文书的研究。

蒙古高原和西伯利亚古称"塞北"。塞北和西域虽然是两个不同的概念，但彼此之间的联系十分密切。为了确保西域研究取得成绩，必须配备研究塞北方面的力量。

如果条件许可，则应考虑通过挖掘现有人员潜力，吸收所、室外人才，培养研究生等途径，争取在10年左右时间内，逐步形成一支在西域史的主要领域都有发言权的研究队伍。

以上建议妥否，请指示。致
所领导

余太山
1991年7月22日

可见20世纪90年代初，余先生带领研究室艰难地、坚定不移地沿着孙、马先生规划的中外关系史研究计划而努力，力图使研究室在中亚史研究中独树一帜。

随着与西方及日、韩国际学术界联系的进一步密切，中国的中亚史研究与国际学术界逐步接轨。在国外"内陆欧亚学研究"风起云涌之时，余先生预国际学术之流，高瞻远瞩，率先倡导内陆欧亚学研究。1998年，余先生撰写"关于调整中外关系史研究室发展方向的建议"，提出了发展内陆欧亚史研究的构想：

> 1991年，经所领导同意，我室的研究重点明确为古代中亚史。而随着国内外中亚史研究的不断深入，越来越多的学者认识到中亚史的研究必须与北亚、东北亚乃至东欧、中欧，也就是说整个内陆欧亚历史的研究结合起来，内陆欧亚学于是应运而生。
>
> 所谓内陆欧亚（Eurasia），也称欧亚草原（Eurasian Steppes），东起黑龙江、松花江流域，西抵多瑙河、伏尔加河流域，其文化、历史具有鲜明的区域特色。
>
> 实践证明，研究其中任何局部都必须胸有内陆欧亚全局。对于一个以中亚史为重点的研究室来说，只有及时开展内陆欧亚的研究，提醒研究者注意带有全局性的课题，也使局部研究达到应有的深度，才能跟上国际学术界的步伐。
>
> 有鉴于此，请考虑同意将我室的发展方向从中亚史调整为内陆欧亚史，并为我们创造必要的条件：
>
> 1. 创办"欧亚学刊"。
> 2. 出版"汉译欧亚文化、历史名著丛书"。
> 3. 在继续重视和培养中亚史研究人才的同时，重视

和培养北亚和东北亚史，尤其是东北亚史的研究人才（东北亚史是目前最薄弱的环节。是否可以将所内志愿研究东北亚史的力量组织起来，成立课题组，提出总目标，明确分工，争取在5—10年内出成果）。

当否，请批示。　　此致

所党委、所长办公会

余太山

1998年10月25日

为了达到在局部研究不断深入的基础上实现发展全局的目的，余先生在规划学科发展上始终坚持灵活性与现实性相结合的原则，使研究室成员各个专门领域的长处和优势得到最大限度的发挥。1999年，经过深思熟虑，余先生又提出"中外关系史研究室十年规划（2000—2010）"：

中外关系史研究室于1979年成立伊始便以古代中亚史为研究重点，1991年又通过研究室报告的形式予以肯定。此后院、所学科调整时又再次肯定这一点。鉴于中外关系史领域十分广阔，研究室编制有很大的局限性，很难展开全方位研究，选择重点是势在必然；而在一个研究室内，研究课题相对集中、彼此衔接、相互渗透，有利于研究人员之间的切磋和合作，对于提高研究水平，多出、快出成果和人才，也是一个有利条件。考虑到中亚史研究在古代中国史和中外关系史研究中占有十分重要的地位，目前室内研究人员中专攻中亚史的又占绝对多数，本规划仍以中亚史研究为出发点和归宿。

1. 我室从事中亚研究的人员，虽然先后有 10 多名，但大多数人的研究范围落在帕米尔以东（亦即历史上的新疆地区），只有个别人例外。这和全国中亚学界的情况是基本一致的。但是，历史上的中亚地区在文化、民族、宗教等等方面均有着不可分割的内在联系，即使仅仅研究其东部，也不能不加深对西部的了解。因此，今后努力的一个方向便是使研究领域向西拓展。

2. 世界中亚学界的一个共同趋势是与北亚史、东北亚史，乃至东欧、中欧史的研究合流，并逐步形成了一门新的学科，称为"内陆欧亚学"（Eurasian Studies）。事实上，由于内陆欧亚（尤其是其核心地带）自然地理环境的特殊性，其历史文化呈现出鲜明的区域特色；研究其中任何局部都必须胸有内陆欧亚这一全局。因此，似乎可以将内陆欧亚史的研究作为我室进一步的研究方向。这至少有利于每一位研究中亚史的年轻学者开阔视野。

3. 研究历史不能无视现实，这既是历史研究本身的需要（无法想象一个对现状完全无知的人能够成为一个出色的历史学家），也是社会对历史学提出的要求，是历史学生命力之所在。而我室以往的中亚史研究，主要集中在公元九世纪以前，未能充分发挥专门史联系现实的优势，今后必须向下延伸。亦即在巩固原有阵地的基础上，将研究领域扩大到近代以前。

4. 国内外中亚或内陆欧亚学界目前多重考据、轻理论，这固然有许多客观原因，但不能不认为这是一个值得严重关注的问题。一个没有理论的学科是没有前途的。这不仅是我室学科建设，也是我国中亚或内陆欧亚学学科建设的迫切需要。因此，我们也应该加强中亚或内陆欧亚学有关理论的研究，并使之成为我室中亚史或内陆欧亚史研究的一个特色。

5. 内陆欧亚史研究的对象主要是历史上活动于欧亚草原及其周邻地区（特别是我国甘肃、宁夏、青海、西藏和小亚、伊朗、阿拉伯、印度、日本、朝鲜乃至西欧、北非等地）诸民族本身，及其与世界其他地区在经济、政治、文化各方面的交流和交涉。因此，我室以中亚或内陆欧亚史为研究重点并不排斥有选择地开展中外关系史其他领域，特别是中日、中朝和中印关系史研究，以期收到相辅相成的效果。

6. 实现以上规划的根本保证是人才。目前我室在这方面的情况实在不容乐观。最主要的原因应该说是长期丧失了培养人才的主动权：自从1981年招收过一名硕士研究生后，直至1999年才又得到招收一名研究生的名额，间隔达18年之久。虽然近四年来通过多种渠道引进了三位志愿从事中亚史研究的年轻同志，但由于大多没有经过专业训练，尽管来所后十分努力（其中两位正攻读在职硕士和博士学位），迄未能独立担当研究任务。以上规划要成为现实，一方面要加强对室内年轻同志的辅导，专业和理论不能偏废；一方面不失时机地、有针对性地培养和引进有志于中亚史研究的优秀人才。除中亚史外，还要引进一定比例的北亚和东北亚研究的人才，以及研究中日、中朝和中印关系史的研究人员。按照以上规划的要求大致估算，到2010年，我室研究人员的编制以15人左右为宜。

7. 展望未来的十年，无论中亚史或内陆欧亚史研究都有可能成为历史学新的生长点，而按照以上规划，在今后十年内，我室将逐步形成比较完整的人才梯队，既有研究的重点——中亚史，又有余力向北亚史和东北亚史发展，为将来开展内陆欧亚史研究奠定基础。

余太山
1999年9月1日

在院、所领导的肯定和支持下，研究室的内陆欧亚史研究破土而出。2003年，中外关系史学科被社科院列为重点学科，把建设国内一流、国际知名的内陆欧亚史研究室作为奋斗目标，并写进了历史所"十一五"规划。2005年，作为学科建设的重要组成部分，还成立了中国社会科学院历史研究所内陆欧亚学研究中心。

2007年，内陆欧亚史研究已逐渐发展起来。面对欧亚学的发展现状，余先生又强调内陆欧亚学从局部研究到整体的过渡：

所党委、所长办公会、所科研处、所人事处：

值此重点学科和研究中心年检之际，我们又对今后我室学科建设的内涵和发展方向作了一番认真的思考，表述如下：

一、内陆欧亚史研究

根据我室的现状和历史，今后一段时期内，学科建设应以内陆欧亚史研究为重点。具体而言，应该注意以下几点：

1. 研究者应该胸怀内陆欧亚全局，但各有侧重。

2. 注重理论研究。目前内陆欧亚史的理论研究是一片空白，亟待加强。没有理论的学科是没有前途的。

3. 无论是就研究室还是个人，均须力求古今贯通。

4. 紧密结合中国史研究，回答中国史研究提出的有关的问题。

5. 努力挖掘文化资源，为提升国家软实力贡献力量。

二、早期地中海文明和中国关系史研究

"早期地中海文明和中国"这一课题，是我院历史所和考古所共同承担的。我所的任务主要由我室来完成，主要有以下四个方面的内容：1. 汉唐史籍中有关地中海地区（主要是罗马、拜占庭）记载的辑录、注释和研究；2. 交通路线研究（亦即所谓"丝绸之路"研究）；3. 早期地中海文明对中国文化形成、发展的影响；4. 早期地中海世界和中国北方游牧部族的关系，即所谓广义的"拜占庭突厥学（Byzantinoturcica）"。

三、历代中原王朝与周邻国家、地区关系史的研究

古代没有严格意义上的疆界，没有严格意义上的外交，也就没有严格意义上的中外关系。因此，我们作为

古代中国史研究所的中外关系史研究室，确切的定位应该是研究历代中原王朝与周邻国家、地区关系的历史。又鉴于我们研究室的具体情况，我们准备首先考虑与内陆欧亚有关的国家和地区，主要包括今天的朝鲜、日本、蒙古、俄罗斯、伊朗、阿富汗、巴基斯坦、印度和中亚五国等。也就是说，突出重点，并纳入内陆欧亚史研究的框架之中。事实上，中原王朝与上述国家、地区的关系也只有放到更加宽广的背景，亦即内陆欧亚史的背景下加以研究才能够得到确解。

以上三项内容相辅相成，但基础是内陆欧亚史。就学科建设的具体方法而言，应该强调如下三点：

1. 开门搞学科建设，开门办研究中心。吸收所外、院外、国外优秀学者参加我们的课题研究，同时鼓励室内同仁走出去和所外、院外、国外合作。

2. 不断引进优秀学者，逐步完善室内研究人员的知识结构。

3. 积极稳妥地开辟新的研究领域，力争在国内外学术界独树一帜。

余太山

2007 年 11 月 11 日

11 月 19 日修改

把古代中外关系史学科的研究重点确定为内陆欧亚史，既是学科建设统筹安排的需要，也是研究逐步深化发展的结果，更与国内、国际的客观形势密切相关。由于历史上复杂的民族关系和交错的语言文化背景，内陆欧亚直到今天仍是频发纷争的焦点区域，同时也是各大国角逐利益、展示实力的场所。日益高涨的全球化呼声，要求世界范围内的广泛合作，同时还强调地域内的协调发展。在全球化进程中，内陆欧亚不仅具有重要的战略位置，而且是应对和处理各种复杂国际局势的重要舞台。中国作为内陆欧亚大国，对于这一区域的和平、稳定与发展自然具有不可推卸的责任。这些都要求国内学者加强对内陆欧亚进行整体性研究，为国家建设与发展的全局服务。余先生强调的必须从多元文化的视角来探悉内陆欧亚这一复杂区域广阔而深厚的历史文化背景，必须加强内陆欧亚有关国家和地区历史关系的研究，是基于对学科发展和服务时局紧密结合的明确认识。因而，构建和发展中国的内陆欧亚学，符合古代中外关系史学科的发展规律，是一条既通贯全局又兼顾局部的切实可行的学科发展道路。

一个学科是否成立，不是只有理论和设想就可以完成的，这需要在实践中探索，理论联系实际，不断加深认识，坚持不懈地行动。为此，余先生不但从宏观上规划研究室的发展方向，更是加倍努力，甚至变阻力为动力，切实将欧亚学的理念运用于研究领域开拓中，贯彻在人才引进、课题设置、学术建设中。

在历史所的支持下，余先生不断吸引人才，补充新生力量，培养研究梯队。至2008年，研究室共有研究人员11名，平均年龄40岁。其中有3位硕士、6位博士、1位博士后，研究领域包括西域史、中亚史、汉唐丝绸之路史、欧亚古代游牧民族史、东北亚史、北亚史、南亚史、藏学、敦煌学、吐鲁番学等，基本上涵盖整个内陆欧亚。研究室有5位研究人员分别来自蒙古（青格力、乌云高娃、聂静洁）、柯尔克孜（贾衣肯）、朝鲜（李花子）等少数民族，有3位在国外著名大学获得博士学位（马一虹、李花子、青格力），形成了较为完整的、开放创新、勤奋进取、协作共勉的内陆欧亚史研究团队。余先生还重视培养科研人员的外语能力，使研究室的语种涵盖了英语、日语、俄语、韩语、阿拉伯语、波斯语、蒙古语、藏语、柯尔克孜语、维吾尔语等。这都是内陆历史文化研究能够深入展开的有力保证。

引进人才之后，余先生循循善诱，谆谆教诲，为研究室成员明确领域，确定研究方向。通过选题设计，逐步扩大研究室内陆欧亚学研究范围。李锦绣"唐代西域文献的整理与研究"，乌云高娃"内陆亚洲'译学'研究——以'蒙古语学'为中心"、"明四夷馆鞑靼馆来文研究"，马一虹"东北亚各族与塞北、西域关系史研究（唐时期）"，李花子"清代中期边务问题研究"、"明清时期朝鲜的疆域意识与边疆政策"，青格力"四卫拉特史与游牧国家史论"、"蒙古法典《夷律》之比较研究"，贾衣肯"汉唐时期北方游牧民族迁徙史论"、"两汉魏晋南北朝正史所见中国北方民族非汉语专有名词汇编汇考"，聂静洁"唐释悟空入竺记研究"，李伟丽"楚瓦什民族的起源"，李艳玲"汉唐西域绿洲农业研究"等课题，都是在余先生指导下设定的。这些课题既能发挥研究人员的优势，又兼顾全局，在国内处于开创或领先地位。余先生对学科体系亲自布局，在指导研究室成员选定研究课题时，使其相对集中、彼此衔接、相互渗透，促进了研究领域从中亚到内陆欧亚的转变。

余先生认为，欧亚学这样一个新兴学科要存在和发展，必须要有一个专门刊物，一套研究丛书，一套知识丛书，一套翻译丛书。为此，他呕心沥血，奔走呼号。1999年，国内第一个明确以"内陆欧亚"为研究对象的专门刊物——《欧亚学刊》创刊，迄今已出版 11 辑，受到广泛的赞誉。为扩大《欧

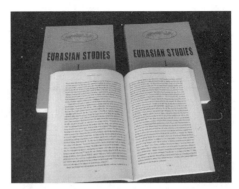

《欧亚学刊》英文版第1辑书影

《欧亚学刊》国际版第1辑书影

亚学刊》的国际影响，将之打造为国际知名的品牌刊物，深入推进我国的内陆欧亚学研究，该刊从第6辑开始刊登中英文两种文字论文。不久又开始编辑了《欧亚学刊》英文版和国际版，贯彻了学术期刊"走出去"的战略方针，从而增强了我国的国际话语权和影响力。

为推进学科建设，余先生策划和主编了几套高质量丛书，如2000年北京国际文化出版公司出版的"中外关系史知识"丛书、2002—2003年云南人民出版社出版的"汉译内陆

欧亚历史文化名著"丛书、2004—2005年人民美术出版社出版的"西域文明探秘"丛书，都是余先生主编的。近年来，余先生又主编了百卷本"内陆欧亚历史文化文库"，由兰州大学出版社陆续出版，含研究专著、译著、知识性丛书三类，被誉为"内陆欧亚研究的经典集合"，为欧亚学的繁荣贡献了浓墨重彩画卷。

针对丰富的内陆欧亚研究文献，余先生还推动并参加了《中亚文明史》的翻译审定，编辑了《内陆欧亚古代史研究》《新疆各族历史文化词典》等。

为跟踪国内外欧亚学研究最新学术动态，提供该领域学者的最新研究成果，余先生还筹划建立了"欧亚学研究"网站（www.eurasianhistory.com）。网站共有"欧亚论坛""学术动态""书海导航""史林杂识""论著索引""学林春秋""外文之部"等13个栏目、39个细目，成为欧亚学研究者、爱好者的精神家园。目前，历史所各研究室基本都拥有了自己的网站，而余先生所谋划"欧亚学研究"网站是第一个搭建的网络学术平台。

经过余先生坚忍不拔的努力，关于内陆欧亚学的刊物、丛书、网站都建立起来。这些基本建设，对一个从无到有建立起来的新兴学科，尤为重要。

从1999年到2008年，是历史所内陆欧亚学的构建时期。这十年里，中外关系史研究室逐步完成了研究范围从中亚史到整个内陆欧亚史的转变，成为国内研究中亚史和古代内陆欧亚史的重要基地之一。

不可否认，我国的内陆欧亚史研究与欧美以及日、韩等国家相比，有些逊色。但中外关系史研究室在欧亚内陆研究方面形成的专业梯队、一批高水平的科研成果、《欧亚学刊》的创立和一系列欧亚学丛书的持续出版，都使研究室的内陆欧亚学研究在国际学界具有一席之地，成为一支不可忽视的力量。随着构建中国内陆欧亚学任务的完成，中外关系史研究室进入了发展和完善中国的内陆欧亚学、开展全方位的中外关系史研究的新时代。

（原载《求真务实六十载：历史研究所同仁述往》，中国社会科学院历史研究所编，中国社会科学出版社，2014年6月）

孙毓棠先生与中外关系史研究室

孙毓棠先生是历史所中外关系史研究室的第一任室主任，他的业绩和成就存在于许多方面，我认为，我们今天纪念孙毓棠先生最重要的原因之一，是因为他的努力和成绩，他的道德、学问、文章，开启了历史所中外关系史研究的新时代，奠定了中外关系史研究室发展的基础，同时也为我们室的发展指明了方向，因此我发言的题目是孙毓棠先生与中外关系史研究室。

一、缅怀篇

（一）生平

孙毓棠先生是江苏无锡人。5 至 12 岁在家塾中读书。1928 年肄业于天津市南开中学，1930 月肄业于天津南开大学。

1933 年毕业于北京清华大学历史系。嗣后，在天津河北省立女子师范学院任史地系讲师。1935 年东渡日本；1937 年日本全面侵华，毅然离开当时就读的东京帝国大学回国。

回国后，先后任教于昆明西南联合大学师范学院史地系、清华大学历史系。

1945年8月应英国文化委员会之聘，任牛津大学皇后学院客座研究员。1947年任中国出席联合国代表团社经理事会专门助理。1948年任美国哈佛大学客座研究员。1948年9月归国，又回到清华大学续任历史系教授。1952年院系调整，任中国科学院（1978年后为中国社会科学院）经济研究所研

孙毓棠先生，1948年

究员，1959年起转为历史研究所研究员，直至去世。

其间，兼任美国得克萨斯州立大学客座研究员和华盛顿威尔逊研究中心客座研究员。

（二）主要业绩

1. 前无古人的现代诗人

孙先生是个被称为"前无古人，后未见来者"的现代诗人，他最早出版的著作是诗集。1931年，年仅20岁的孙先生出版了第一本短诗集《梦乡曲》，之后，孙先生的璀璨飞扬的诗句如喷薄的火山。1934年，孙先生又出版另外一部短诗集《海盗船》。1936年，在中华民族危亡的时刻，孙先生为表彰我民族坚强勇猛、刚正果毅的精神和气概，唤起一个具有这种伟大精神的民族应有的自豪感和抵抗日寇的勇气，创作了新诗中迄今为止艺术成就最高的史诗型叙事长诗《宝

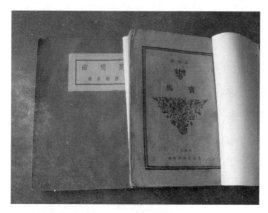

《梦乡曲》《宝马》
书影

马》。这首近800行的长诗，不仅辞藻绚丽华艳、气势浩瀚，而且其精博的史料、丰富的想象、雄厚的气魄，都令人叹为观止。冯沅君先生评价说，这首诗"带着丰满而新鲜的民族的色与香，又焕发着西方史诗的神采与风格"，是"中国文学吸取消化西方文学之后的结晶"。在《中国新文学史》中卷里，司马长风把《宝马》称为"中国新文学运动以来唯一的一首史诗"，"《宝马》打破了中国没有史诗的寂寞；但不能用'物以稀为贵'来评断它的价值，它确是一首伟大的史诗，前无古人，至今尚无来者"。

而值得注意的是，《宝马》用史诗再现的是汉武帝伐大宛的波澜壮阔的历史画卷，这是用诗歌所写的中外关系史，也是内陆欧亚史。

2. 学贯中西、博古通今的史学家

从日本回到中国后，孙先生转向历史研究，他是古代中国经济史研究领域的先驱之一。1943年，他的《中国古代社会经济论丛》出版，这是一部闪烁学术光辉的填补空白的论著，论述宏大精深，文笔又极其优美。新中国成立后，孙先生撰著《中日甲午战争前外国资本在中国经营的近代工业》，编写《中国近代工业史资料》第一辑（1840—1895年）。《中国近代工业史资料》第一辑全书90余万字。他一点一滴地沙里淘金，汇集了中英鸦片战争到中日甲午战争期间有关中国新式工业的基本情况的零星资料，征引中外档案、报刊、私人著述不下300种，其中包括卷帙浩繁的《北华捷报》《申报》等，也有临时散发的小册子和文件。在编辑这部数据集时，他寓研究于整理之中，仔细分析、归纳，精心编排，全书纲举目张，研究者稍加注意便可发现其中的内在联系。这本资料集为中国近代经济史的研究奠定了坚实的基础。孙先生还第一次对外国资本在中国经营的近代工业、资本主义各国在中国初期开设的银行、帝国主义政治借款、民族资本经营的近代工业，以及中国工业无产阶级诞生的过程等提出独到的见解。后来这些文章结集为《抗戈集》，成为中国近代经济史研究的必读之作。

中外关系史是孙先生的重要的研究领域，早在清华大学读书时，他已经注意于对外关系的研究，他的学士论文便是《中俄北京条约及其背景》。他对中国近代经济史的研究，在某种意义上也都可以视为中外关系史的研究。他发表《条支》《安息与乌弋山离》《汉代的中国与埃及》《隋唐时期的中非关系》等文，是中国最早的关于伊朗学、地中海与中国学领域的重要论著，这些论文将中亚、西亚、非洲与印度次大陆西部古史，与《汉书》记载、隋唐史籍互相参证，从而使中国古文献获得了较近实际的理解，开启了中西资料互相印证的先河，在20世纪70年代后期，给人以空谷足音之感，也开创了中国内陆欧亚史研究的方法，奠定了内陆欧亚史研究的基础。孙先生还与谢方先生共同整理了中西交通史领域的名著，记述玄奘求法取经的《大慈恩寺三藏法师传》。他还是中国最早进行东北亚史研究的学者之一。他校订了日文《异民族统治中国史》一书的汉译；和张政烺等先生一起，投入大量精力，进行东北亚研究，最终成果提供外交部参考，但未发表。从东北亚到西域，先生研究足迹遍布内陆欧亚。

孙先生另一研究领域是秦汉史，撰写《西汉的兵制》《东汉兵制的演变》《汉代的财政》《战国秦汉时代的纺织业》等论文，晚年抱病擘画《中国大百科全书·中国史卷》，并完成了《中国大百科全书·秦汉卷》的编辑。

孙先生兴趣至广，文、史、哲无不涉猎。他平生谨慎，不肯轻易发表自己的见解，所以留给我们的著作不是太多。但仅就他的成果而言，年代从古到今，地域从东到西，他均淹博贯通；出入政治、军事、经济、文化、民族、中外关系诸学科，他均游刃有余。他不是一个普通的专家学者，他是在20世纪前期，在中西文明冲突和交汇中，产生的具有"文艺复兴色彩"的人才，即把多方面的知识与才能——文艺的、科学的，东方的、西方的，古代的和现代的汇集于一身，在许多领域融会贯通、娴熟自如，达到一般专业者难以企及的高度。

孙先生治史追求的是一种融古今中外于一炉的境界。但他的研究并不是散漫无归，其研究的内核是中外关系史。

1978年以后，孙先生积极筹建并领导了历史研究所中外关系史研究室，任室主任；创建全国性学术团体——中外关系史学会，任理事长。他呕心沥血，鞠躬尽瘁，培养中外关系史方向研究生，规划中外关系史研究室发展方向，这使他得以发挥所长。能对这一当时在我国还是新兴的学科的建立和发展作出贡献，在他充满坎坷艰辛的一生中，可以说是一件令人欣慰的事。

（三）一个崇高的爱国主义者，一个心系国家民族的学人

孙先生是一个崇高的爱国主义者，一个心系国家民族的正直、正义、伟大的学人。正因为其人格高尚、才华横溢，1992年，美国巴纳特出版了孙先生的传记《游侠》。

孙先生的宝贵品质，核心是爱国主义。

孙先生创作《宝马》，就是爱国主义的体现。他自谈《宝马》一诗的创作时曾说："已往的中国对我是一个美丽的憧憬，愈接近古人言行的记录，愈使我认识我们祖先创业的艰难，功绩的伟大，气魄的雄浑，精神的焕发。俯览山川的隽秀，仰瞻几千年文华的绚烂，才自知生为中国人应该是一件多么光荣值得自豪的事。四千年来不知出头过多少英雄豪杰，产生过多少惊心动魄的故事。回想到这些，仿佛觉得中国人不应该弄到今天这样萎靡飘摇，失掉了自信。这或许是因为除了很少数以外，国人大半忘掉了自己的祖先，才弄到今日国中的精神界成了一片荒土。这整个的民族欲求精神上的慰安与自信，只有回顾一下几千年的已往，才能迈步向伟大的未来。这是我个人一点幼稚的信念，因此我才写《宝

马》这首诗。"

孙先生多次出国，但在民族大义之前，正气凛然。他在日本留学时，为抗议日本军国主义发动侵华战争，毅然中断学习，提前归国。新中国成立前夕，他正在美国搞研究，待遇优厚，但他不顾一些人的劝阻，回到祖国。80年代不顾重病，坚持回国，都是如此。抗战期间，他不管环境艰苦，坚持在西南联大执教；当时闻一多治印相赠"相约非抗战结束，不出国门一步"，更是感人至深。

中国历史上，每一个社会变动急剧的"天崩地解"的时代，都有一批这样的学者，以学术文化为国家命脉之所系，孜孜不倦地在各个学术领域进行艰难的求索，探索中华民族的文化精神和国家民族的生存和振兴，从而成为博学通识的杰出学者。孙先生就是在中国近代这样一个新旧交替和社会急剧变动的时代，鲜明的爱国主义思想和不断探索求知进取精神培育下的学识淹贯、精神博大的第一流学者，他和同时代的学者一起，为近代中国的学术文化开创出一个群星灿烂的时代。

二、告慰篇

孙先生的过早去世，是我国学术界的重大损失，更给中外关系史研究室带来了不可估量的损失。继孙先生之后，在马雍、夏应元、余太山等室主任的领导下，在院所领导的支持下，中外关系室研究室克服重重困难，艰难地、坚定不移地沿着孙先生规划的中外关系史研究计划而努力，惨淡经营，二十多年来，取得了能够告慰孙先生的成绩。这主要体现在以下几方面：

（一）从中亚到欧亚的转变

1979年，历史所古代中外关系史学科从断代史中独立出来，成立了中外关系史研究室。从某种意义上说，中外关系史研究室的成立是中国中亚史研究复苏的一个标志。在较短的时间内，孙毓棠先生创办了国内第一本大型综合性研究刊物——《中亚学刊》，创建了中亚学会，培养中亚方向的研究生，极大地推进了中国中亚学的发展。至今中外关系史研究室的西域史研究仍在学术界保持着一定的优势。近年来，本室及时注意到了世界范围内中亚史研究与北亚史、东北亚史研究合流的趋势，在国内首倡内陆欧亚学研究，创办了《欧亚学刊》，逐步完成了研究范围从中亚史到整个内陆欧亚史的转变，目前已成为国内研究中亚史和古代内陆欧亚史的重要基地之一。还成立了中国社会科学院历史研究所内陆欧亚学研究中心。

（二）丰富的研究成果

据不完全统计，自2003年至2008年，本室共出版专著17部（国内外），740多万字；出版译著6部，240多万字；发表论文153篇，240多万字。研究成果涉及内陆欧亚的各个领域，主要包括古代中亚史、东北亚史、蒙古史、西域史、南亚史等。

更值得一提的是，本室成员用英、日、韩、蒙古文在国内外出版专著、发表论文多篇，李花子《朝清国境问题研究》一书由韩国集文堂出版，青格力《土尔扈特墨尔根吉农生平考》《顾实汗法典的制定——对〈阿勒坦汗法典〉的质疑》等用蒙古文、日文发表，受到了国内外学界的重视和赞誉。

（三）新的学科带头人

1992年以来，孙先生的大弟子余太山继任为中外关系史研究室主任。余太山的研究主要在帕米尔以西，这是我国学术界非常薄弱的领域。他筚路蓝缕，系统深入地研究了公元前7世纪至公元6世纪的中亚史。作为学科带头人，余太山的系列著作，重构了伊斯兰化以前的中亚历史，填补了中国内陆欧亚史研究的空白，奠定了我国古代中亚学研究的基础，余先生在国外出版了六种英文著作（如 *A Study of Sakā History, A Hypothesis about the Sources of the Sai Tribes, A History of the Relationships between the Western & Eastern Han, Wei, Jin, Northern & Southern Dynasties and the Western Regions* 等），颇受佳评，产生了较大影响。这些著作，有助于西方学者理解和运用汉语史料，使国内中亚史的研究走向世界，进而推动了国际中亚史研究向更广阔纵深的方向发展。

余太山英文著作书影

余先生主编丛书多种，如：

1. "中外关系史知识丛书"，包括《蚕食与鲸吞：俄罗斯侵华史话》《三八线的较量：朝鲜战争与中苏美互动关系》《钓鱼岛风云》《泰西儒士利玛窦》《走向冰点：中苏大论战与1956～1965年的中苏关系》等5册。

2. "欧亚文明大行走丛书"，包括《光明使者——图说摩尼教》《走进尼雅——精绝古国探秘》《鍑中乾坤——青铜鍑与草原文明》等。

3. "西域文明探秘丛书"，包括《西域圣火：神秘的古波斯祆教》《文明之劫：近代中国西北文物的外流》《丝绸之路散记》《金钱之旅：从君士坦丁堡到长安》《榴花西来：丝绸之路上的植物》《胡乐新声：丝绸之路上的音乐》《敦煌文献探析》《马背上的信仰：欧亚草原动物风格艺术》等8种。

"西域文明探秘丛书"书影

"汉译内陆欧亚历史文化名著丛书"书影

4. "汉译内陆欧亚历史文化名著丛书",包括《治国策》,〔波斯〕尼扎姆·穆尔克著;《隋唐帝国与东亚》,〔日〕堀敏一著;《内陆亚洲厄鲁特历史资料》,〔德〕帕拉斯著;《元代西藏史研究》,〔意〕伯戴克著;《斯基泰时期》,〔荷兰〕范·洛惠泽恩—德·黎乌著;《东域纪程录丛》,〔英〕裕尔著;《16~18世纪中亚历史地理文献》,〔乌孜克〕艾哈迈多夫著;《塔克西拉》(全三册),〔英〕约翰·马歇尔著;《北方民族史与蒙古史译文集》,〔日〕内田吟风著等9种11册。

5. "欧亚历史文化文库丛书",此丛书预计由兰州大学出版社出版100种,目前已出版《中部西藏与蒙古人——元代西藏历史》《入藏四年》《东北亚史地论集》《甫白文存》《史林遗痕》《新疆考古论集》《元朝史事新证》《隋唐帝国与东亚》《唐代经营西北研究》《西域考古文存》《丝绸之路——内陆欧亚考古与历史》等11种。

"欧亚历史文化文库丛书"书影

针对丰富的内陆欧亚研究文献，余太山还参加了《中亚文明史》的翻译审定，并编辑了《西域通史》《西域文化史》《内陆欧亚古代史研究》《新疆各族历史文化词典》等。

汉译《中亚文明史》书影

（四）谱写中外关系史的新篇章

1.开门办研究室，开门发展学科

古代中外关系史研究范围广阔，领域众多，以一个研究室的力量闭门造车，故步自封，无益于研究室的发展。本室通过多种形式和渠道，开展、加强、促进同国内外同行的合作、联系和交流，采取鼓励本室人员出国访问讲学，举办国际学术研讨会，邀请学者来本室讲学、座谈等措施，以"开门办研究室，开门发展学科"的方针，积极稳妥地开辟新的研究领域，力争在国内外学术界独树一帜。从2003年至2008年，本室学者出国参加国际会议和学术访问27次，出访日本、韩国、英国、俄罗斯、印度、乌兹别克斯坦、蒙古等国；参加国内会议及进行学术访问77次。这些学术交流，开阔了研究人员的视野，也扩大了本室在国内外的知名度。

2.成功举办五次重大国际会议

2005年6月，本室和上海社科院历史所、美国宾夕法尼亚大学合作，在上海主办了"古代内陆欧亚与中国文化国际学术研讨会"。这是我国第一次以内陆欧亚史为主题的学术研讨会。参会学者有70余位。这次研讨会，可以说是对20多年来我国古代内陆欧亚史研究的回顾和总结。

2007年7月，我室和上海社会科学院历史研究所合作，在上海召开了第二届传统中国研究国际学术讨论会，来自8个国家和地区的100余名学者参加了此次研讨会。"内陆欧亚与中国传统文化"为第一分会场，由我室主持。

2008年10月，我室与新疆吐鲁番学研究院、中国人民大学国学院在吐鲁番合办第三届吐鲁番学国际学术研讨会暨

2008年在新疆举办的第三届吐鲁番学和"欧亚草原游牧民族起源与迁徙"会议

"欧亚游牧民族的起源与迁徙"国际学术研讨会，参加此次研讨会的约有200名学者。我室主持了"欧亚草原游牧民族起源与迁徙"分会场。

2009年8月21日至24日，我室和宁夏博物馆合作举办了首届"丝绸之路"国际学术研讨会，来自中国、日本、韩国、法国、英国、俄罗斯、德国等国家100余位学者参会。

2010年8月18日至24日，我室和《新疆通史》编委会、新疆社会科学院合作举办"历史上的中国新疆与中亚"国际学术讨论会。来自中国以及俄罗斯、哈萨克斯坦、乌兹别克斯坦、吉尔吉斯斯坦、塔吉克斯坦、土耳其、印度、日本等国家和地区的110余位专家学者出席了会议。

3.举办44次欧亚史研究系列讲座和4次"地中海与中

国"系列讲座。邀请中国、日本、德国、韩国、意大利、土耳其、美国、波兰、俄罗斯、乌兹别克斯坦等国学者50多人进行学术交流50多次。

4. "欧亚学研究"网站

为跟踪国内外欧亚学研究最新学术动态，提供该领域学者的最新研究成果，本室还建立了"欧亚学研究"网站（www.eurasianhistory.com）。网站共有13个栏目，39个细目，现已发表文章2000多篇。它成为交流成果、了解信息、找寻

"欧亚学研究"网站

资料、切磋讨论的学术平台，得到了学界的关注和认可。

5.走出去：《欧亚学刊》英文版

中国的内陆欧亚研究在世界上占据了无法取代的、举足轻重的地位。但由于语言文字造成的隔阂，国际内陆欧亚学界对中国丰富多彩的文献数据利用得很不够，对于中国各族学者大量的研究成果也所知不多。由于研究内陆欧亚的西方学者中多半不谙汉语，已译成英语的与内陆欧亚有关的汉语资料和论著尤其少得可怜。

为了贯彻社科院"走出去"的战略方针，本室竭尽所能，编辑《欧亚学刊》英文版，即从中国学者已经发表内陆欧亚史研究论文中，精选最有价值和代表性的论文，译成英文发表，将中国的内陆欧亚学成果推向世界。现在第一辑已经出版。

三、继承发扬篇

孙先生的研究和努力与我们现在研究室的发展休戚相关，我们不断从中汲取营养。在新的时代，如何继承和发扬孙先生开辟的中外关系史研究，成为摆在我们面前的重任。"十二五"期间，我们室的发展方向是以古代内陆欧亚史为重点，开展海交史研究，同时发展伊朗学与印度学研究，为最终实现全方位的中外关系史研究创造条件。

（一）开展古代内陆欧亚史研究

作为我国内陆欧亚史研究的重要基地之一，我室的学科发展将继续以古代内陆欧亚史为重点，这个重点长期坚持不变。为继续保持学科优势，本室拟采取以下几项措施：

1.编辑并出版《欧亚学刊》英文版。

2.编辑出版《欧亚学刊》国际版。

3.编辑"内陆欧亚历史文化丛书"英文版。

4.编辑"内陆欧亚历史文化丛书"中文版。

5.加强游牧学和绿洲学的研究。

（二）海交史

古代地中海和中国史、环太平洋史，均属海交史研究范畴。目前，海交史研究是我室的薄弱环节，也是我室学科发展新的增长点。目前，海疆形势严峻，科技进步和国力的增长使海洋考古有了长足发展，毫无疑问，中国社科院历史所不能置身事外，中外关系史室更是责无旁贷。这两个因素促使我们发展海交史研究，作为会议赠书的《丝瓷之路》就是我室研究海交史的开端。

（三）开展伊朗学与印度学研究

这是学科建设的需要。因为：

1.习惯上，伊朗东部和印度半岛西北部都属于内陆欧亚的范畴。

2.古代北亚和东北亚的游牧部族（从塞种到蒙古）西迁抵达中亚后，无不西向和波斯发生关系、南向越过兴都库什山进入西北次大陆。

3.古代内陆欧亚与西亚和南亚的文化关系至为密切。如中亚死文字粟特文、和田文、佉卢文等不是与伊朗语族就是与印度语族有关。又如蒙古史基本史料有三：蒙古、汉、波斯文。

伊朗学也是孙先生研究的领域，孙先生的《安息与乌弋山离》一文，即是这一领域的典范之作，我们应该继承下去。

孙先生虽然离开了我们，但他留给我们的学术著作，他的伟大精神，将永存，将永远激励我们。孙先生是中外关系史研究室的开创者和奠基人之一，就我们的责任而言，确保中外关系史研究室的蓬勃发展，就是对孙先生最好的纪念。继往开来，任重道远，这需要全室成员的共同努力，也希望所领导、所里同仁、学术界的前辈和学者给予支持。我们深信，只要不失时机，得到院所的有力支持，我室的内陆欧亚学、海交史、伊朗学、印度学研究一定能与国际同行并驾齐驱。愿孙先生开创的事业，不断发扬光大！

（本文为中国社会科学院历史研究所举办"孙毓棠先生诞辰一百周年纪念会议"发言，2011年4月8日）

敦煌吐鲁番学与内陆欧亚学

陈寅恪先生在《陈垣敦煌劫余录序》中指出：

> 一时代之学术，必有其新材料与新问题。取用此材料，以研求问题，则为此时代学术之新潮流。治学之士，得预于此潮流者，谓之预流（借用佛教初果之名）。其未得预者，谓之未入流。此古今学术史之通义，非彼闭门造车之徒，所能同喻者也。敦煌学者，今日世界学术之新潮流也。①

1900年敦煌藏经洞的偶然发现，使埋藏近千年的文物典籍重见天日，震惊了全世界。东起中国、日本，西迄法国、英国、美国，各地学者均投入对敦煌遗书的研治之中，从而形成了世界性显学——敦煌学。

敦煌遗书发现的消息，引起了一些正在我国西北活动的外国探险家的注意。1907年，斯坦因首先来到敦煌莫高窟，通过在莫高窟居住的道士王圆箓，劫走13000余卷写经及其

---

① 陈寅恪：《金明馆丛稿二编》，上海古籍出版社，1980年，第236页。

他文物。写经现藏于英国伦敦大英图书馆。1908年，法国人伯希和以同样的方式劫走7000余卷写本和刻本，现藏于巴黎法国国立图书馆。次年，我国学者得知敦煌遗书外流的状况，敦促清政府立即采取保护措施。1910年，清政府下令将藏经洞文献运往北京，但由于王道士的私藏和参与官员的盗窃，敦煌文献仍有外流。1912年和1914年来到中国的日本大谷探险队成员橘瑞超和吉川小一郎，1914年来到敦煌的俄国人鄂登堡、英国人斯坦因，均分别劫走了一批宝贵文书。日本人劫走及以后购买的文书现藏龙谷大学图书馆和京都有邻馆等地，俄国人劫取敦煌遗书虽稍后，但数量较多，现藏俄罗斯圣彼得堡东方学研究所分所。外国人劫余尚存遗书近万卷，现藏北京中国国家图书馆。此外，德国、丹麦、瑞典、芬兰、美国等国及敦煌研究院、敦煌市博物馆、甘肃省博物馆、上海博物馆、天津艺术博物馆、大连博物馆、北京大学和香港、台湾等地，也有数量不多的收藏。

吐鲁番文书的发现较敦煌遗书更早，1898年，俄国人克列门兹从吐鲁番地区的哈喇和卓墓地盗走了一批古代文卷写本和铭刻。1902年后，德国人克伦威德尔等先后三次在吐鲁番劫走文书、经卷和文物，其中文书一万多件，现藏柏林德国国家图书馆。日本大谷探险队也于1902、1912、1913年对阿斯塔那古墓群进行发掘，盗劫了约七千件文书，现藏龙谷大学图书馆。鄂登堡与斯坦因也在吐鲁番地区进行了盗劫活动。1927年，中国学术团体协会与瑞典斯文·赫定联合组建"中瑞西北科学考察团"，次年开始中国学者对吐鲁番地区的第一次考察，发掘了一批宝贵的吐鲁番文书，这是我国最早的吐鲁番文书收藏。从1959年开始，在国家资助下，对吐鲁番古墓葬群进行了有计划的考古发掘，至1975年，对阿斯塔那——哈喇和卓古墓群共发掘13次，其中从203座墓中出土文书两千余件，现藏新疆博物馆。吐鲁番文书的大量发掘，成为中外学术史上的大事，也改变了敦煌文书独受重视的现状，使吐鲁番文书具有了与敦煌文书相提并论的地位，因而形成了新的学科——敦煌吐鲁番学。

敦煌遗书五万余卷，内容涵盖古籍、宗教、文学、史学、哲学、艺术、民族、地理、风俗、经济、财政、政治、军事、语言、声韵、中西交通、医学、建筑、自然科学及技术科学等诸多领域，包罗万象，极为丰富，被称为"学术的海洋""百科全书式的宝藏"。吐鲁番文书也有万余件，但较为零碎，很长的、完整的经卷较为罕见。由于保存大量的官府档案，从展示唐代历史的角度而言，吐鲁番文书更加珍贵。

20世纪初，四大考古发现推动了中国史学的研究，它们是：殷墟甲骨文、居延汉简、明清档案和敦煌吐鲁番文书。对隋唐五代历史研究而言，敦煌吐鲁番文书的发现有着划时代的意义，敦煌吐鲁番文书不但为魏晋南北朝、隋唐五代和宋初历史的研究提供了宝贵的资料，丰富了这一阶段的历史，使唐史研究向更广阔更纵深的方向发展，而且，由于深藏于地下千余年的官府档案及民间文献的发现，为中国中古史学提供了全新的内容，更新了史学界对隋唐五代历史面貌的认识，开创了中国中古史学研究的新局面。敦煌吐鲁番文书与史籍文献相结合，成为20世纪唐史研究的重要时代特点。

目前，以出土敦煌吐鲁番文书为基础形成的敦煌吐鲁番学正处在不断发展壮大的过程之中。敦煌吐鲁番学对于中国史研究的重要意义已经被越来越多的学者认识到，毋庸赘述。这里，笔者只想就敦煌吐鲁番学和内陆欧亚学的关系简述如下。

本文所谓"内陆欧亚"（Eurasia），大致东起黑龙江、松花江流域，西抵伏尔加河、多瑙河流域，其核心地带即所谓欧亚草原（Eurasian Steppes）。内陆欧亚学的研究对象即历史上活动于欧亚草原及其周邻地区（特别是中国甘肃、宁夏、内蒙古、青海、西藏和中亚、伊朗、阿拉伯、印度、日本、朝鲜乃至西欧、北非等地）诸民族本身，及其与世界其他地区在经济、政治、文化各方面的交流和交涉。

内陆欧亚历史文化研究是世界历史文化研究不可或缺的组成部分，东亚、西亚、南亚以及欧洲、美洲历史文化上有许多疑难问题都必须通过加强内陆欧亚历史文化的研究，特别是将内陆欧亚历史文化视作一个整体加以研究才能获得确解。随着国内外中亚史研究的不断深入，越来越多的学者认识到中亚史的研究必须与整个内陆欧亚历史的研究结合起来，一个专门的学科——内陆欧亚学于是应运而生。

内陆欧亚最主要的生产和生活方式是绿洲和游牧。过去囿于资料，有关研究无法深入，正是因为敦煌吐鲁番文书、和田文书和佉卢文书等的问世，这方面的研究才得以深入。其中利用敦煌吐鲁番文书进行的研究对于探究整个内陆欧亚绿洲和游牧这两种生产和生活方式本身，以及在此基础上建立的上层建筑，特别是两者之间互动的形式及影响，有着无法替代的示范意义。

中国吐鲁番学的前辈和奠基人马雍先生的名篇《突厥高昌始建交考》①，便是利用出土文书在这方面进行研究，取得开创性成就的典型。

内陆欧亚学的另一主题是内陆欧亚游牧民族的迁徙。这是一个内陆欧亚史上的经典课题。敦煌、吐鲁番自古以来就是欧亚交通的枢纽，也是历史上各游牧势力的必争之地。毋庸置疑，研究这个课题离不开敦煌吐鲁番文书，离不开已有敦煌吐鲁番学的成果。

内陆欧亚的其他课题，譬如内陆欧亚民族的渊源似乎与吐鲁番文书没有直接关系。但敦煌吐鲁番地区古来就是一个多民族聚居之地，十分明显，这方面取得的成果对于敦煌吐鲁番学有着很大的促进作用。推而广之，内陆欧亚各种研究课题取得的进展，对于敦煌吐鲁番学的进步均有直接或间接的作用。

历史上，内陆欧亚许多民族的兴衰存亡、发生的许多事件在深刻影响了中国历史进程的同时，也深刻影响了中国传统文化的发展、变化。不仅仅研究内陆欧亚任何局部（如中亚或东北亚）的历史文化必须具有内陆欧亚的视野，研究敦煌吐鲁番文书，如欲更上层楼，也必须有内陆欧亚的视野。

陈寅恪先生是敦煌学的开拓者、奠基人，他不仅为最早提出"敦煌学"一词的学者之一，而且身体力行，对敦煌文

①见马雍:《西域史地文物丛考》，文物出版社，1990年，第146—153页。

书进行了系统研读和深入探讨。他以对佛经的精熟[1]及左右逢源、触类旁通的中亚文字功夫，从文化史的角度，研究佛经及佛经翻译作品对演说经义的文学作品的影响，[2]不仅较罗振玉等据传统史籍考证佛曲更上一层，而且与东西洋学者相较，亦站在世界前列。这里只举他对《忏悔灭罪金光明经冥报传》及莲花色尼出家因缘的考证。比较敦煌汉文写本《金光明经》及其突厥文本、梵文本、藏文本、蒙古文本等的内容，寅恪先生指出，佛经首冠感应冥报，为西北昔年之风尚；《金光明经》之所以流传独广，是因为其义主忏悔，最易动人；佛教入中国后，冥报传，也从佛典附庸，演变为小说文学的长篇巨制。[3]寅恪先生通过对欧亚多种文字写本的精确比勘，考释佛经内容、流传迹象，进而探讨佛经对文学的影响，如剥芭蕉，层层深入，不仅令人耳目一新，而且也奠定了寅恪先生为比较文学研究先驱者的地位。[4]同样具有划时代意义的，还有他的《莲花色尼出家因缘跋》一

---

①如从《贤愚经》《杂宝经》找出敦煌佛经讲唱文学依据，见《有相夫人生天因缘曲跋》《须达起精舍因缘曲跋》，《金明馆丛稿二编》，上海古籍出版社，1980年，第171—174页。

②见《敦煌本维摩诘经文殊师利问疾品演义跋》，《西游记玄奘弟子故事之演变》，《忏悔灭罪金光明经冥报传跋》，《敦煌本唐梵对字音般若波罗蜜多心经跋》（《金明馆丛稿二编》）。参姜伯勤：《陈寅恪先生与敦煌学》，《广州社会科学》1988年2期。

③《忏悔灭罪金光明经冥报传跋》，《金明馆丛稿二编》，上海古籍出版社，1980年，第256—257页。

④钱文忠：《略论陈寅恪先生之比较观及其在文学研究中之运用》，《纪念陈寅恪先生百年诞辰学术论文集》，江西教育出版社，1994年，第475—505页；袁获涌：《陈寅恪与比较文学》，《文史杂志》1990年1期。

文①。敦煌写本《诸经杂缘喻因由记》记载了莲花色尼六种恶报，寅恪先生根据巴利文写本，指出敦煌本删去了莲花色尼与其女共嫁一夫，其夫即其所生之子的恶报。究其原因，是因为这种恶报与华夏民族传统伦理观念不相容，而佛教传入中国时，佛教教义中与中土社会组织及传统观念相冲突者，教徒多采取隐秘闭藏、禁其流布的方式，将莲花色尼七种恶报删去一种，即显著一例。寅恪先生的论述，高屋建瓴地揭示了佛教中国化的曲折历程。此二文均出入文史，贯通儒释，沟通中外，而所以能如此，其原因之一，是寅恪先生具有欧亚学的视野。自少年起，寅恪先生"廿载行踪遍五洲"，力学梵文、巴利文、蒙古文、藏文、满文、波斯文、土耳其文、突厥文、回鹘文、吐火罗文、西夏文、朝鲜文、佉卢文、印地文、伊朗文、希伯来文等近二十种中亚西域及东方民族文字。从遗存笔记本看，他对藏文、蒙古文、突厥文、回鹘文、梵文、巴利文等致力尤勤。②在欧洲、北美，他承历史语言学、比较语言学蔚为大宗，风云际会之际，吸收西洋学者治东方学精华，更辟天地，在清末西北史地、佛典翻译基础上扩大视野，层楼再上，使传统的史学、哲学研究进入了一个崭新的阶段，体现了古代欧亚文本解读及欧亚历史文化研究的世界先进水平。

寅恪先生多次强调，"盖今世治学以世界为范围，重在

---

①陈寅恪：《寒柳堂集》，上海古籍出版社，1980年，第151—156页。

②见季羡林：《从学习笔记本看陈寅恪先生的治学范围和途径》，《纪念陈寅恪教授国际学术讨论会文集》，中山大学出版社，1989年，第74—84页。

知彼，绝非闭户造车之比"①。因而留滞海外数十年，对西洋学术的锐进及日新月异有切身理解和体会，力学其所长。但他治学并不是盲目步西洋人后尘，而是在吸收输入外来学说同时，结合中国传统治学方法，融会贯通，推陈出新，使之具有中国特色。寅恪先生所开创的，正是中国内陆欧亚学及敦煌吐鲁番学的新风气，而其融汇中西所创长编考异之法，又是为中国内陆欧亚学及敦煌吐鲁番学治史者所辟的一个新途径。

著名古文字学者唐兰先生曾说：古文字学的功夫在古文字学之外。我们是不是也可以说：敦煌吐鲁番学的功夫在敦煌吐鲁番学之外。那么究竟应该在哪里下功夫，我认为首先应该在内陆欧亚学上下功夫。敦煌吐鲁番学和内陆欧亚学可以说是天然盟友，是一种共生、共荣的关系。

总之，内陆欧亚学因敦煌吐鲁番学的兴起而充实提高，敦煌吐鲁番学因内陆欧亚学的开展而发扬光大。愿这两个领域的学者精诚团结，努力合作，不断开创这两个学科的新局面。

（原载《新疆师范大学学报》2009年第2期，收入《百年敦煌学：历史　现状　趋势》，甘肃人民出版社，2009年12月）

---

① 陈寅恪：《金明馆丛稿二编》，上海古籍出版社，1980年，第318页。

《20世纪内陆欧亚历史文化研究论文选粹》前言

兰州大学出版社《内陆欧亚历史文化文库》请主编余太山先生考虑编一部论文集，收录一些有代表性的中国学者的论文，以体现内陆欧亚学丰富的内涵，也展示我国学者在这一领域的累累硕果。余先生将编选工作交给我来承担。

我国的内陆欧亚学是在对抗西方殖民侵略的进程中萌芽的，自清代后期以来，面临亡国灭种威胁的中国学人，胸怀救亡图存之志，迫切关注西北边疆，进而发展成"西北舆地之学"。20世纪前半叶，我国学者向西方和日本学习，吸收西方近现代"东方学"研究精华，融会贯通，推陈出新，极大地推动了我国的内陆欧亚研究。近半个世纪，特别是1978年以来，科学的发展在高度分化的基础上呈现高度综合的大趋势，内陆欧亚学的诞生迎合了这一趋势。长期以来的研究实践一方面使中亚、北亚、东北亚历史文化研究成果数以万计，另一方面也使越来越多研究者扩大视野，认识到局部研究与整体研究相结合的重要性，将内陆欧亚历史文化视作一个整体加以研究的观念日益深入人心，从而催生了我国的内陆欧亚学。

国际欧亚学研究，在欧美、日韩等国历史悠久，蔚为大宗。我国的内陆欧亚学虽然起步较晚，但20世纪末也逐渐与国际接轨，进入了新的构建和发展时期。随着欧亚考古的逐渐向纵深发展，欧亚学研究日新月异的进步，日益众多领域的不断开辟，国际合作的进一步加强，新世纪的内陆欧亚学展现了更加广阔的研究前景。

百余年来，我国学者在欧亚历史文化研究领域卓有成绩。以沈曾植、王国维、陈寅恪、陈垣为代表的第一代学人，承接"西北舆地之学"余绪，筚路蓝缕，以启山林，开"塞表殊族之史"研究风气，取得了与当时西方学者分庭抗礼的成果。以向达、季羡林、邵循正、韩儒林、夏鼐为代表的第二代学者，或远赴重洋，综汇中西，或在烽火连天、颠沛流离的战争岁月中弦歌不辍，在欧亚历史文化研究领域发挥了承前启后、继绝扶衰的作用。以亦邻真、周连宽、马雍为代表的第三代学者，守志不移，在艰苦卓绝的环境下，更辟天地，为欧亚研究的发扬光大奠定了基础。1978年以后成长起来的第四代学者，预蓬勃锐进的世界学术之流，踵事增华，层楼再上，不但拉开了内陆欧亚学这一新兴学科的序幕，而且将我国的内陆欧亚研究推进到崭新的阶段。

《20世纪内陆欧亚历史文化研究论文选粹》，就是要精选我国四代学者的经典作品，结集出版。这不仅是因为这些文章时间跨度近百年，发表各处，难以寻觅，集中编纂可提供便利，以省读者翻检之劳；而更主要的是，我国20世纪的内陆欧亚历史文化研究主要按照传统的概念分地区（如中亚、北亚和东北亚）等进行，单篇分散发表，不能集中体现内陆欧亚学的特点。只有汇编在一起，才能从不同层面和角度，勾勒近百年来我国内陆欧亚学史的整体面貌。

因此，兰州大学出版社要求编纂的这部论文集，虽是论文选编，却也有构建内陆欧亚学体系的目的在焉。这也就是说：不仅要藉此展示和总结中国20世纪欧亚研究历程，为内陆欧亚学研究的深入提供学术史的借鉴，同时也可为新时代的欧亚学研究示以轨则。

编纂这样一部论文集，压力、难度可想而知。由于编者能力有限，虽知不可为而努力为之，但距出版社所悬之目标，相差甚远，这是我首先要向作者、读者和出版社致歉的。

20世纪有关内陆欧亚历史文化研究的成果浩如烟海，汗牛充栋。经过一年多的酝酿准备、搜集资料、反复研讨，我们确立了几项编辑标准：

1. 入选者为20世纪公开发表的论文，基本不选专著。进入本世纪后佳作虽多，不在收录范围之内。

2. 入选作者，要求是一个领域的代表学人，同一个作者只选一篇。一些学者治学范围广阔，融会贯通，游刃有余，在多领域均有独树一帜的建树，但本书只选其最有代表性的一篇。

3. 入选论文，要求是能反映学者治学旨趣，且又影响较大的优秀作品，尽量选能够成为经典或接近经典者。学术研究，一如积薪，自然后出转精。本书所选论文，要求在学术史上起过作用，产生过重大影响，尤其强调有方法论上的意义，即开创了新的方法或具有示范性质等。编选时尽量挑篇幅短小的。有些一再入选各种选本的文章，这一次尽可能回避，以期更加全面地反映学者的水准。

4.本书的编选，力求对所选代表作和欧亚历史文化的内涵统筹兼顾。同一主题，虽名作众多，各自成家，但基本上只选一篇，尽量避免重复。所选论文，还要根据全书内容轻重、布局谋篇特点等进行调整，力求尽可能全面地展示内陆欧亚学的范围、内容和面貌。

5.1978年后成长起来的欧亚学研究者人数众多，群星灿烂，佳作层出不穷，难于取舍。我们只好将收录论文作者年龄限定在1960年前出生者。"60后"精彩纷呈的论文之编选，将另行考虑。

6.为了同时尽可能展示欧亚研究学术史，本文集所收论文，按公开发表时间排序，但有些也参考了论文的完成时间。

我们在近百年已出版的众多欧亚历史文化研究论文中精选了近百篇。又经过统合及联系版权等，最后确定为84篇，呈现在读者面前的就是这部不无遗憾的《20世纪内陆欧亚历史文化研究论文选粹》。

众所周知，内陆欧亚学是一门新兴学科。它的成立、发展、取得成就对于学科创新、学术观点创新和科研方法创新均具有示范作用。

新学科成立的重要途径之一是旧学科的交叉融合，形成新的生长点和新的学术规范。内陆欧亚学的成立是若干传统学科综合的结果，具体而言，有以下两个层次。第一层次：中亚史、北亚史、东北亚史和东、中欧史等。第二层次：历史学、语言学、考古学、人类学、遗传学等。这既是内容，也是方法的综合。综合的基本原因主要是由于历史上游牧部族的存在和活动使得以上各地区和文化单元融成了一体，无论在语言、宗教、文化、制度等方面，都你中有我，我中有你，无法割裂开来。至于游牧成为古代内陆欧亚起主导作用的生活、生产方式则是欧亚草原的生态环境所决定的。而以上各传统学科长期以来共同关心、共同研究的重要问题，即古代东西方文化、经济的交流、冲突和融合，也成了这一综合趋势的催化剂。

内陆欧亚学范围广阔，从东北亚直到欧洲东部。本书选编论文，关于中亚、北亚、东北亚的论文占88%，而东、中欧史研究论文屈指可数，研究成果东强西弱。这体现了我国20世纪的研究现状，这正是今后欧亚学研究中亟待改善者。

内陆欧亚学涉及学科众多。这次收入本书者，历史、考古、民族、语言学等论文自不必论。此外，本书也编选了涉及民俗、艺术、法律、社会、哲学、宗教、文学、图像学以及种族人类学、社会人类学、医学、建筑学、经济学、地理学、植物学、自然科学等诸多领域的论文。这也是内陆欧亚学综合性特点的体现。

内陆欧亚幅员辽阔，自古以来繁衍生息着无数的民族，创造了千姿百态的文化。这是一个种族、语言、文字、宗教、生产、生活方式千差万别的地区。本书收录论文所主要涉及的民族有鬼方、猃狁、东胡、山戎、匈奴、丁零、坚昆、吐火罗、嚈哒、鲜卑、突厥、可萨、粟特、回鹘、黠戛斯、契丹、女真、蒙古、汪古、满族、布鲁特等，所涉及的宗教主要有佛教、摩尼教、火祆教、景教、伊斯兰教、萨满教等。不同的历史时期，活跃在内陆欧亚历史舞台上的是不同的主角，他们来自不同的民族，具有不同的信仰，创造了不同的习俗和文化。

研究内陆欧亚学需要利用多种语言的原始史料，本书收录有关原始史料涉及的语言文字除汉语外，有梵文、希腊语、拉丁语、阿拉伯语、波斯语、叙利亚语、粟特语、吐火罗语（焉耆语、龟兹语）、于阗塞语、佉卢文、藏语、八思巴文、契丹文、女真文、西夏文、蒙古文、满文等，其中不少已是所谓"死文字"。内陆欧亚原始史料除传统文献和出土资料外，还包括钱币、碑铭、简牍、文书、印玺等。20世纪的四个重大考古发现，即甲骨文、汉简、敦煌吐鲁番文书和清代大内档案，也极大地推进了内陆欧亚历史文化研究。本书收录论文中，即包括了介绍与研究这些新资料的经典之作。内陆欧亚学研究所利用的多语种、多形式的原始资料，体现了内陆欧亚学的高难度和复杂性的特点。

内陆欧亚学上下千年，纵横万里的时空范围，综合性和复杂性的学科特点，决定了其研究方法的特殊性，即需要联系的方法、比较的方法、综合的方法、贯通的方法。这表明内陆欧亚学研究需要不同国家、民族和不同学科学者的通力合作。只有合作研究，才能克服语言的障碍、突破专业的畛域，使不同学科、不同领域、不同范围的知识融会贯通，从而向更广阔、更纵深的方向发展。本书收录了91位学者的84篇论文，有4篇是合著。其中，耿世民与张广达合著的《唆里迷考》，就是不同领域学者的合作，具有典范意义。

内陆欧亚学从诞生伊始，就是一门国际性的学问，多国学者参与其中。除英、日、德、法、俄等内陆欧亚研究的大国外，印度、伊朗、巴基斯坦、土耳其、波兰、匈牙利、罗马尼亚，甚至尼泊尔都有悠久的传统，都有自己的学者队伍。于是产生了各种语言的论著。限于本书体例和编者能力，我们这次只选编了中国学者的论文，未能体现内陆欧亚学的国际性特点。希望今后条件成熟，能有国际内陆欧亚学研究论文选本问世。

20世纪是一个新旧交替和社会急剧变动的时代。其学术发展史，百转千折，荡气回肠。本书选编论文时间跨度近80年，由于年代久远，所选论文格式、体例不一，注释各异。为了展示欧亚学术史面貌，本书对所选论文，除了必要的编辑加工，一仍其旧。文末注出了所选论文的最初发表之处。发表后有修订者，则根据最后修订本排印，以期给读者提供一个较为翔实文本。

在本书编选过程中，前辈学者，我们一般征求最了解他们的后人的意见。在世学者，我们尽可能联系了作者本人。可以说，没有这些作者及其亲属、学生的大力支持，也就没有这本选集。谨此致以深深的谢意！

本书的编选，始终得到余太山先生的关心和指导。陈高华、陈健文、陈凌、陈爽、定宜庄、关树东、郭物、刘晓、楼劲、马怡、青格力、宋镇豪、杨军、张弓等先生，都对入选论文提供了宝贵意见，贾衣肯、李艳玲也在复印论文等方面提供很大帮助，在此表示诚挚的感谢！但选择不当和编辑中的失误均由我个人负责。

虽然编选论文时尽量挑选短的，但本书篇幅仍远远超过最初预计。为此，一些较长的经典之作，如向达先生《唐代长安与西域文明》未能入选；有些长文做了节选；有些表格、附录省略；文末所附致谢等语，亦皆略去。

经过一年多的琐碎工作，《20世纪内陆欧亚历史文化研究论文选粹》编选任务终于告一段落，但编者未感到任何轻松。限于版权，一些学者，如陈寅恪先生的论文未能收入，只得割爱；还有些在世的先生，因联系不上，未敢贸然收录，也只能暂时放弃。总之，本书的编选，不尽如人意之处太多太多，恳请广大读者不吝赐正！

这部书稿不但卷帙浩繁，而且因涉及语言众多，字里行间充满难以排版的各种文字和字母，这是我迄今为止所见过的最为难排的一部书。衷心感谢兰州大学出版社，尤其感谢为"欧亚历史文化文库丛书"呕心沥血、竭尽全力的施援平女史。没有她顽强的毅力和敬业的奉献，这部书稿永远不会和读者见面了。

（原载《丝瓷之路：古代中外关系史研究》第3辑，商务印书馆，2013年）

123

"内陆欧亚历史文化"国际学术研讨会总结

各位代表、女士们、先生们:

大家下午好!

由中国社会科学院历史研究所内陆欧亚学研究中心、内蒙古锡林郭勒职业学院、商务印书馆共同举办,内蒙古锡林郭勒职业学院承办的"内陆欧亚历史文化"国际学术研讨会,至此已完成全部学术讨论会议程,进入闭幕阶段。我谨代表中国社会科学院历史研究所内陆欧亚学研究中心对这次大会的顺利召开表示热烈祝贺,对与会代表的光临表示热烈欢迎,对在开幕式及研讨会上主持、评议、发言和翻译的领导和学者表示衷心感谢,对大会主办方锡林郭勒职业学院和商务印书馆所付出的巨大努力表示衷心感谢,对筹备会议、参加会务的工作人员表示衷心感谢,尤其是对锡林郭勒职业学院以特力更校长、那木吉拉其仁副校长为首的领导和全体工作人员,对为举办这次会议牵线搭桥、做出重大贡献的青格力研究员的辛勤劳动致以深厚的谢意。

这次会议,我们共收到论文59篇,来自中国、蒙古、日本、韩国、伊朗、德国、希腊、美国等8个国家的近70位代表出席了这次会议。这些代表中,有像陈高华先生、周伟洲先生这样德高望重的硕学鸿儒，也有哈斯朝鲁、王长全、万翔、孙昊、王三三、刘子凡这样的后起之秀，正可谓"群贤毕至，少长咸集"。在7场大会学术交流中，共有48位学者做了大会发言。这些学者的精彩演讲，7场的13位主持人和评议人楼劲、潘志平、刘文锁、范子烨、张绪山、杨军、高建新先生等已经在每场讨论后进行了画龙点睛的评论和总结，我在这里就不重复了。

这次大会，以内陆欧亚历史文化为主题。我们所谓的内陆欧亚研究（在我们出版的刊物中译成 Eurasian Studies），并不是指整个欧洲和亚洲，而是指东起黑龙江、松花江流域，西抵伏尔加河、多瑙河流域的地区，具体而言，除欧洲东部、中部之外，主要包括中国东三省、内蒙古自治区、新疆维吾尔自治区，以及蒙古高原、西伯利亚、哈萨克斯坦、乌兹别克斯坦、吉尔吉斯斯坦、土库曼斯坦、塔吉克斯坦、阿富汗斯坦、巴基斯坦和西北印度。其核心地带即所谓欧亚草原（Eurasian Steppes）。

细心的代表可能已经注意到，这次大会发给大家的《欧亚学刊》英文版、国际版的封面上都有一个椭圆形的地图，图上从东到西的绿色带，就是我们所谓的内陆欧亚的范围。会上日本学者林俊雄教授演讲时也展示了一个地图，划分了 Central Eurasia 的范围，与我们的大同小异。关于"内陆欧亚"的英译，颇费踌躇。我们曾经直译过 Continental Eurasia，后又选择了 Inner Eurasia。美国 Denis Sinor 教授曾指出，如果称内亚（Inner Asia），好像还存在一个"外亚"。我们认为 Denis Sinor 教授之论是有道理的。因为不存在一个外欧亚（Outside Eurasia），所以我们不能用内欧亚（Inner Eurasia），而应该选用比较准确的 Central Eurasia。这次大会发给大家的论文集和会议手册上的英文译名有矛盾的地方，论文集封面英译作 Inner Eurasia，手册英译用 Central Eurasia，因为会议手册比论文集印制时间晚。英译名称的采用，也显示了内陆欧亚学产生和发展的曲折性。

蒙古高原位于内陆欧亚核心地带，是游牧民族活动的中心区域。锡林郭勒大草原地大物博，历史悠久。游牧民族多次在这里崛起，其金戈铁马，从这里开始在欧亚草原纵横驰骋，而游牧民族创立的绚丽多彩的文化，今天在这里仍在延续和发扬光大。也正因为如此，我们在这里举办内陆欧亚历史文化研讨会。希望通过这次会议，探讨游牧民族在内陆欧亚史、中西交通史和中外关系史上的地位和作用，推进内陆欧亚学研究，以期弘扬内陆欧亚各民族创造的辉煌灿烂的历史文化。

不可否认，国际欧亚学研究，在欧美、日韩等国历史悠久，蔚为大宗。如这次到会的艾骛德（Christopher P. Atwood）教授，就曾任美国印第安纳大学内陆欧亚系（Central Eurasian Department）系主任，他们系的欧亚学研究在国际上是首屈一指的。而我国的内陆欧亚学则起步较晚，自 1999 年余太山先生创办《欧亚学刊》，欧亚学的概念才得以提出和确立。

虽然起步较晚，20 世纪末，我国的内陆欧亚学也逐渐与国际接轨，进入了新的构建和发展时期。尤其是 1977 年以后成长起来的学者（我这里的 1977 年不是指的 70 后，而是指自

1977年以后开始接受高等教育、研究生教育的学者，如定宜庄、卢向前、张铁山老师和所谓60后、70后，甚至80后这几代学者）。这些学者和他们的老师们预蓬勃锐进的世界学术之流，踵事增华，层楼再上，不但拉开了内陆欧亚学这一新兴学科的序幕，而且将我国的内陆欧亚研究推进到崭新的阶段。这次会议，从某种程度上，就是这些学者和他们的老师辈甚至包括学生辈的成果展示。

我们为什么要倾全力倡导并发展内陆欧亚学？换言之，内陆欧亚学的重要性体现在哪里？我认为体现在以下六个方面：

（1）内陆欧亚史本身是世界史一个不可或缺的组成部分。东亚、西亚、南亚以及欧洲、美洲历史文化上有许多疑难问题都必须通过加强内陆欧亚史的研究，特别是将内陆欧亚史视作一个整体加以研究才能获得确解。

（2）内陆欧亚史对于世界其他地区历史的发展，特别是对于东西方文化交流和互动所起的作用不容忽视。

（3）在某种意义上，内陆欧亚史研究构成古代中外关系史研究最重要的部分。古代中国和位于它东北、北、西北，乃至西南方的国家和地区的关系无疑是古代中外关系史最主要的篇章，而只有通过研究内陆欧亚史，才能真正把握古代这一部分的中外关系。

（4）内陆欧亚史研究对于古代中国历史研究有巨大的促进作用，甚至可以说，只有从内陆欧亚的视角重新思考中国古代史，中国古代史研究才能上一个新台阶。

（5）我国作为内陆欧亚的大国，深入开展内陆欧亚史的研究更是责无旁贷。有关研究不仅饶有学术兴趣，而且具有重要的现实政治意义。

（6）内陆欧亚学是一个新学科。它的成立、发展、取得成就对于历史学研究，对于学科创新、学术观点创新和科研方法创新，均具有示范作用。

内陆欧亚范围广阔，从东北亚直到欧洲中部。这次会议上代表的发言，以蒙古为中心，东起朝鲜半岛，如易华、李花子的论文；西到俄罗斯、德国等东、中欧地区，如Johannes Reckel、阿拉腾奥其尔的论文。这体现了内陆欧亚学纵横万里的特点。而林英将《后汉书·西域传》与《红海周航记》对比，张绪山论述希腊海妖神话对甘英出使的影响，艾鹜德指出《蒙古秘史》史料来源与亚历山大传说的关系，Stefanos Kordosis从吐蕃格萨尔推到罽宾、拂菻，都异曲同工地展示了内陆欧亚的整体性和文化上的联系。这也补充了林俊雄先生通过对考古建筑、土堆、鹿石、遗物、马具的类型学分析，得出内陆欧亚为一个整体的宏观论述。

内陆欧亚学涉及学科众多，历史、考古、民族、语言学等自不必论，本次会议论文也涉及民族（如哈斯朝鲁的祭火研究）、社会学（如孙昊的研究）、图像艺术（如刘文锁、额日很巴图、张小贵的论文）、宗教学（如篠原典生、殷小平的论文）、教育学（如潘志平、段海蓉、李锺书的论文）、天文学（如孛儿只斤·旺其格的论文）、医药（如青格力对蒙医药的研究）等，而易华的论文则运用了体质人类学、社会人类学等多重方法。更令人欣喜的是，这次会议有不少关于文学、音乐者（如朝格图、范子烨、高建新、格日勒图、好麦特等学者的论文）。这些文学、音乐领域的论文，为内陆欧亚学增添了新的血液，使内陆欧亚面貌更加生动，更具有延续性。而范子烨提出了活性态的概念，这是对人文学科学术方法的丰富和发展。许多学者的论文都使用了跨学科，甚至跨越东西的方法（如万翔、陈晓露、王三三的论文），因而能够推陈出新。这也是内陆欧亚学综合性特点的体现。

内陆欧亚民族众多，创造了千姿百态的文化。本次会议论文涉及的民族有东夷、匈奴、贵霜、鲜卑（如楼劲对鲜卑文化程度高屋建瓴的分析，孙危对鲜卑考古的关注），还有铁勒、突厥（如张铭心分析了突厥、铁勒对高昌的影响，卢向前对北朝隋唐和亲进行了逆向思维研究）、吐谷浑（如周伟洲先生对吐谷浑文化及都兰墓葬群所反映的吐谷浑文化中多种因素的精彩分析）、葛逻禄（如刘子凡的论文）、粟特、回鹘、契丹、女真、蒙古、满族、维吾尔族等，所涉及的宗教主要有佛教、火袄教、景教、基督教、伊斯兰教、萨满教等。这也体现出，不同的历史时期，活跃在内陆欧亚历史舞台上的是不同的主角，他们来自不同的民族，具有不同的信仰，创造了不同的习俗和文化。

研究内陆欧亚学需要利用多种语言的原始史料，这次会议论文有关原始史料涉及的语言文字除汉语外，还有梵文、希腊语、拉丁语、阿拉伯语、波斯语（包括古、中和现代波斯语）、叙利亚语、佉卢文、突厥文、回鹘文、藏文、八思巴文、契丹文、女真文、蒙古文、土试文、满文、维吾尔文等。除传统文献和出土资料外，还包括钱币、碑铭、简牍、文书、石像、壁画、印玺、石窟题记等，这些资料，本次会议论文都有所论述和涉及。

　　这次会议的另一个鲜明特色是对多语种文本的整理研究。文本是一切研究的基础。古代内陆欧亚史籍语种众多，形式多样，进行文本研究更为必要。将不同时期、地点、语种的文本，互相切磋比较，通过个案研究，探索规律，建立内陆欧亚文本系统，是内陆欧亚学研究的基础。这次会议论文中，关于文本整理、汇编、翻译与研究的论文很多，其中不乏介绍新材料的经典之作。如 Johannes Reckel 介绍了德国哥廷根大学藏土忒文文献，据我所知，这批资料尚无系统整理和刊布，弥足珍贵。又如张铁山释读了新发现回鹘葛啜王子墓志中的突厥如尼文部分，并考证了志文涉及的葛啜王子世系、回鹘一词出现的时间；聂静洁研究了《释迦方志·游履篇》；艾力·吾甫尔通过考释《突厥语大词典》中 tat 一词词源，对喀喇汗国和高昌回鹘提出新的解说；包乌云分析了敦煌石窟回鹘蒙古文题记；青格力对新发现 dom-un-sudur 进行初步整理，并进一步探讨了蒙古族传统文化向藏传佛教转变过程中布里亚特的作用。而乌云高娃对洪武本《华夷译语·鞑靼来文》的考释、Otganbatar 对八思巴文献残片的解读也很精彩，定宜庄对满蒙文史料的解析和利用，对欧亚学研究更起到了振聋发聩的作用。

　　更令人欣喜的是，锡林郭勒职业学院和锡盟的老师们，即特木勒所说的"乡土学者"，亦即本土学者，在这次会上也有出色表现。亨儿只斤·旺其格教授对蒙古天文学有全面系统研究；杨富有对元代等级制度提出按地区而不是按民族划分的新观点，澄清了一些模糊和错误认识；特木勒对蒙元汗庭东迁之地有精深论考；额日很巴图对土默特石人的研究填补了蒙元时期石像文化阐释的空白；哈斯朝鲁生动展示了察哈尔蒙古族祭火场景；王长全对清廷从科尔沁赎出锡伯族、编入上三旗作为披甲军人遣送东北的原因，从内外两方面进行了深入解说。这些都展示了本地学者利用地缘优势，对本地历史深入研究，拥有更多发言权的喜人景象，也显示了锡盟学者颇高的研究水平和实力。

内陆欧亚学上下千年，纵横万里的时空范围，综合性和复杂性的学科特点，决定了其研究方法的特殊性，即需要联系的方法、比较的方法、综合的方法、贯通的方法。这表明内陆欧亚学研究需要不同国家、民族和不同学科学者的通力合作。只有合作研究，才能克服语言的障碍、突破专业的畛域，使不同学科、不同领域、不同范围的知识融会贯通，从而向更广阔、更纵深的方向发展。

锡林郭勒处于东西交流的大动脉，丝绸之路搭建了欧亚非文物经济交流的桥梁。我们这次研讨会，也为东西方学者搭建了学术对话、共同研究、全方位多层次交流的桥梁。这次大会上，精彩的发言、到位的点评、热烈的讨论，使我们在短暂而充实的两天，享受了丰富多彩的精神文化盛宴。通过主办方与参会学者的共同努力，这次大会基本上达到了推进内陆欧亚学、繁荣学术文化、将内陆欧亚学发扬光大的目的。

各位代表，随着欧亚考古的逐渐向纵深发展，欧亚学研究日新月异的进步，日益众多领域的不断开辟，国际合作的进一步加强，我们充满信心地坚信，新世纪的内陆欧亚学展现了更加广阔的研究前景。正如兰州大学出版社施援平负责筹划、编辑、出版的一百册"欧亚历史文化文库丛书"所展示的一样，中国的内陆欧亚学正向繁荣昌盛发展。

中国社会科学院历史研究所内陆欧亚学研究中心与商务印书馆有长期友好的合作关系。除发给各位代表的《欧亚学刊》英文版、国际版两种刊物外，商务印书馆还将出版40卷的"欧亚备要丛书"、新的《古代内陆欧亚历史文化译丛》期刊和"内陆欧亚研究丛书"英文版。我们感谢商务印书馆为弘扬欧亚学做出的巨大贡献。今天，中国社会科学院历史研究所内陆欧亚学研究中心、商务印书馆与锡林郭勒职业学院合作举办了这次会议，这表明我们的合作又上了一个新的台阶。衷心希望这样的合作继续下去，这样的会议也能继续举办下去。我相信，随着我们与锡林郭勒职业学院合作的密切与加强，锡盟不仅是定宜庄老师的第二故乡，也将是全世界内陆欧亚学研究者的第二故乡。

各位代表，金秋的草原是美丽的。正所谓"黄毯悄然换绿坪，古原无语释秋声"。锡林郭勒大草原在静静地展示着她醉人的魅力，气势宏伟、作为横跨欧亚帝国核心的元上都也在静静地等待着我们。明天我们将开启盼望已久的学术考察旅程。祝愿我们的代表在这片神奇的土地上，"马蹄踏得夕阳碎，卧唱敖包待月明"！

谢谢大家！

（原载《内陆欧亚历史文化国际学术研讨会论文集》，内蒙古人民出版社，2015年）

"首届全国德都蒙古历史文化学术研讨会"致辞

各位代表、女士们、先生们：

大家上午好！

由中国社科院历史研究所内陆欧亚学研究中心、中共青海省海西州委、海西州人民政府共同举办，海西州文学艺术界联合会、海西州文体广电局、德都蒙古文化研究会承办的"首届德都蒙古历史文化学术讨论会"今天顺利召开。我谨代表中国社会科学院历史研究所内陆欧亚学研究中心对这次大会的隆重召开表示热烈祝贺，对与会代表的光临表示热烈欢迎，对为举办这次大会付出巨大努力的中共青海省海西州委、海西州人民政府、海西州文学艺术界联合会、海西州文体广电局、德都蒙古文化研究会表示衷心感谢，也对为举办这次会议牵线搭桥、做出重大贡献的青格力研究员的辛勤劳动致以深厚的谢意。

众所周知，东起黑龙江、松花江流域，西至多瑙河、伏尔加河流域的内陆欧亚幅员辽阔，自古以来繁衍生息着无数的民族，创造了千姿百态的文化。主要由于游牧民族，特别是所谓骑马游牧民族迁徙、征服、贸易等活动，古代内陆欧亚形形色色的民族及其文化、经济、政治之间存在着非常密切的联系。同样主要由于游牧民族的活动，欧亚草原文化与周邻诸文化（汉文化、希腊—罗马文化、印度文化、伊斯兰文化）形成了积极的互动关系，并深刻地影响了世界文明的进程。

青海位于内陆欧亚核心地带，南通巴蜀、西藏，北接甘肃、内蒙古，西通西域，是游牧民族活动的中心区域。羌戎、吐谷浑、突厥、吐蕃、蒙古等，都在这"青海昆仑断，黄河积石流"的大舞台上，上演了波澜壮阔的历史画卷，色彩纷呈。

在历史上活跃于青海的游牧民族中，源远流长的"德都蒙古"占有重要的地位。作为蒙元时期以来活跃在青藏高原的蒙古族，德都蒙古创立了辉煌灿烂的文化，也造就了青藏高原的辉煌历史。在蒙元以来青藏高原多元一体的历史进程中，蒙古族发挥了重要作用，在藏、蒙古、土、汉等民族共同所创造的藏传佛教文化中，"德都蒙古"始终扮演着重要角色，而由于"德都蒙古"在语言、习俗、民间文化、游牧方式等方面，较好地保持了蒙古游牧民族固有文化传统，并形成了一些独特的生活哲理和世界观等，成为内陆欧亚游牧民族群体中的典型。

正因为如此，德都蒙古历史文化研究成为当今蒙古学、藏学、内陆欧亚学的重要议题，以"德都蒙古"的概念和视角研究青藏高原蒙古族历史和未来，成为内陆欧亚学研究的一股新潮流。因此，首届德都蒙古历史文化学术讨论会的召开，不仅在我国共建"一带一路"的今天，具有弘扬德都蒙古历史文化、保护文化传承的现实意义，也具有推进内陆欧亚学研究的学术意义。

中国社科院历史研究所内陆欧亚学研究中心提倡内陆欧亚学，重视德都蒙古历史文化研究，青格力研究员一直为德都蒙古研究的中流砥柱。2014年，由斯琴夫、青格力、僧格共同主编"德都（青海）蒙古历史文化丛书"出版了7部，包括青格力、斯琴夫编《德都蒙古历史考论》，贾晞儒著《德都蒙古文化简论》，僧格编《德都蒙古民间文学研究文集》，才仁巴力编《德都蒙古民间文学概要》，僧格、塔娜编《德都蒙古民俗与文化变迁研究论集》，青格力编《青海蒙古史料汇编》，才仁巴力编《德都蒙古地名例释》等。今年还将出版蒙古文版一套6本，包括青格力编著《青藏游记》，青格力、萨仁格日乐著《德都蒙古历史与文化》等。"德都（青海）蒙古历史文化丛书"的出版，为内陆欧亚学的繁荣贡献了浓墨重彩画卷，标志着中国德都蒙古学研究进入了一个新的时代。

各位代表，这次旨在推进内陆欧亚学的研究、弘扬德都蒙古创造的辉煌历史和文化的会议，在德都蒙古活动中心、素有"河源天外落，海气日旁收"之称的青海海西举办，具有重要意义。今天，来自各领域的学者在这里济济一堂，共同研究探讨德都蒙古在中国多民族历史和内陆欧亚史上的地位和作用，这是令人欣喜的。我相信，通过各种学术背景学者的通力合作、深入探讨，德都蒙古历史文化研究必将蓬勃发展，取得丰硕成果。

预祝大会圆满成功!

谢谢大家!

（原载《德都蒙古研究（一）：首届全国德都蒙古历史文化学术研讨会论文集》，青海人民出版社，2017年）

《欧亚学刊》第9辑编后记

2007年7月21日至23日，由上海社会科学院传统中国研究中心、上海社会科学院历史研究所主办，中国社科院历史研究所内陆欧亚学研究中心协办的"第二届传统中国研究国际学术讨论会"在上海召开。大会分设内陆欧亚、经学、社会史三个分会场。按照会议的安排，"内陆欧亚与中国传统文化"分会场由中国社科院历史研究所内陆欧亚学研究中心主持。

众所周知，中国社科院历史所是中国古代史的专门研究机构，历来重视中国传统文化的研究，建所半个多世纪以来，在这一领域人才辈出、硕果累累。

为了更好地探索中国传统文化和世界各国和各地形形色色文化的互动，我所于1979年成立了中外关系史研究室。近30年来，在孙毓棠、马雍等老一辈学者的带领下，中外关系史研究室业绩优秀，有目共睹。在中西交通史，特别是中国和中亚以及地中海地区的关系方面的成果尤为出色，从而在很大程度上丰富了中国传统文化的研究。

为了进一步探索中国传统文化的起源及其发展、演变的过程，我所又于2006年成立了内陆欧亚学研究中心，挂靠在中外关系史研究室。

"内陆欧亚"（Eurasia）是一个地理概念，其范围大致东起黑龙江、松花江流域，西至伏尔加河、多瑙河流域。主要由于游牧部族的活动，历史上内陆欧亚的各个部分之间有着十分密切的联系。因此，内陆欧亚的历史或内陆欧亚文化必须作为一个整体进行研究。"内陆欧亚学"于是应运而生。

打开世界地图，不难发现内陆欧亚有大片地区落在今天中国的版图之内。今日中国可以说是内陆欧亚的大国。历史上，内陆欧亚许多民族的兴衰存亡、发生的许多事件都在深刻影响了中国历史进程的同时，深刻影响了中国传统文化的发展、变化。不仅如此，现有的证据表明，中国文化的源头并不是单一的，其中已经包含来自内陆欧亚的因素。

尽管不言而喻，中国传统文化的源和流不仅仅受惠于内陆欧亚，还有其他各方面的因素，例如来自南方海洋文明的影响，但可以肯定地说，内陆欧亚的影响是最突出的。

由此可见，很有必要从内陆欧亚的视角探讨中国历史和中国传统文化。而历史所内陆欧亚学研究中心的重要任务之一就是研究历史上内陆欧亚诸文化和中国传统文化之间的关系。事实上，此研究中心成立以来，研究内陆欧亚文化和中国传统文化不敢偏废，力求打下坚实基础，逐步提高将两者结合起来研究的水平。这一次内陆欧亚研讨会正是在这样一个理念指导下组织、召开的。

来自中国、日本、韩国、土耳其、乌兹别克斯坦、俄罗斯等国家和地区的40余名学者参加了欧亚分会场的讨论，27位学者宣读了论文。本刊从收到的30多篇会议论文中，精选

20篇，作为第二届传统中国研究国际学术讨论会欧亚专辑。

　　本刊创建以来，一直得到陈高华先生的指点和帮助。本辑开始编辑之际，欣逢先生七十华诞，特约先生高足刘晓博士撰文介绍先生在内陆欧亚史研究方面的业绩和贡献，以资纪念。

2008年4月12日

（原载《欧亚学刊》第9辑，中华书局，2009年）

当代的安藏——彼德·茨默教授访谈录

导语：20世纪初，以西方为首的"中亚探险"，催生了一门新的学科——吐鲁番学，而吐鲁番回鹘文献的解读，又促进了突厥语文学的发展。德国一直是吐鲁番学、突厥语文学研究的重镇，长时期以来，在该领域占据领先地位。经过一百多年的探索、发现与解读，回鹘文献研究进入了新的发展阶段，呈现出从分类文献释读到建立科学分析体系、从欧亚视角综合研究回鹘历史文化全貌的新趋势。彼德·茨默（Peter Zieme）教授，是德国第三代回鹘文献研究专家，是目前国际回鹘文献学领域的泰斗。对茨默教授的访谈，有助于国内学者深入了解德国突厥语文学、吐鲁番学的发展历程，跟踪国际突厥语文学、欧亚学的最新动态，促进国内的回鹘文献学、突厥语文学、内陆欧亚学研究。

彼德·茨默教授，1942年生于柏林，1969年获洪堡大学博士学位。1993年起为德国柏林勃兰登堡科学院吐鲁番研究所研究员，2001年任所长（2007年退休）。同时，兼任柏林自由大学突厥学研究所讲座教授、巴伐利亚科学院通讯院士、土耳其突厥语言协会荣誉院士、匈牙利科学院荣誉院士。已出版关于吐鲁番及附近地区出土文献研究专著十余部，用德、英、俄、法、土耳其等文字发表论文二百余篇，在回鹘文献的整理领域成果卓著。其《突厥语摩尼教文献》《回鹘文佛教头韵诗》《吐鲁番敦煌出土的回鹘文佛教头韵文书——兼论古突厥诗歌》《回鹘文金光明最胜王经》《回鹘文维摩诘所说经》《高昌回鹘王国的宗教与社会——中亚出土回鹘佛教文献之跋尾与施主》《回鹘佛典丛残——茨默论文选集》等著作，均为回鹘语言文化研究的里程碑。

采访时间：2009 年 12 月 29 日

采访地点：中央民族大学

采访人：李锦绣

被采访人：茨默

一、求学经历

李：在您的求学生涯中，1960 年成为洪堡大学伊朗和突厥学专业的学生，无疑是最重要的一环。您为何选择伊朗和突厥学专业？谁给了您最大的学术影响？

茨默：每个人都有自己的理想，这种理想随年龄而不断变化。我读高中时，在理工和语言两科中，我选择了语言，但我对数学和化学更感兴趣。那时，我学习拉丁语和英语，但晚上在"人民中学"学习阿拉伯语，当时我 17 岁。因为化学是我最喜欢的科目，我想从事有关石油的工作，阿拉伯国家盛产石油，所以选择了阿拉伯语。夜校的学习每周一次，在那里，我遇到了老师宗德曼（Werner Sundermann），他是阿拉伯语学的助教。学了一年之后，我征求他的意见，他对我说："你已经学了阿拉伯语，现在你可以学波斯语了。"这样，1960年，我完全放弃了化学，开始到洪堡大学学习波斯语了。

在大学里，教我波斯语的教师是 Bozorg Alavi，他很严格，但很善良。我的主要老师是荣格（Heinrich Junker）教授，他学识渊博，不仅讲授语言学，还讲授历史、哲学、文化、经济结构、与亚洲的交流等，知识广泛，令我们感佩。三年之后，我需要另选一科，正在这时，荣格邀请另外一名匈牙利学者哈蔡（György Hazai）来到洪堡讲授突厥学。

李：原来哈蔡是您的老师，因为你们一起合作撰文，我以为他是您的朋友呢！

茨默：他既是老师，又是朋友。他当时很年轻，来自布达佩斯，为客座教授。我可选的第二科种类很多，别人也给了我许多建议，但我很明确地选了突厥学，因为我对此有兴趣。哈蔡教我们突厥语，他的老师是布达佩斯大学 Németh Gyula 教授。当他 1963 年来到德国时，学校里只有一些突厥语和乌兹别克语的教师。但哈蔡试图开设突厥语研究课，他通过系统方法，进行教学。他不是讲授广博的知识，而是强调应用，不是为学而学，而是要学生完成研究。他告诉我们，要集中一个目标，然后完成它。同班三四个同学，有些并未听从哈蔡的建议，但是我遵循了他的教诲。

李：您的导师是哈蔡，我想您直接继承了匈牙利东方学的研究传统，而不是德国东方学传统？

茨默：应该是两者都对我有影响。虽然当时我还没有学习匈牙利语。还需要提及的是我的另一位老师 Wolfgang Steinitz，他是芬—乌戈尔语学家，研究乌戈尔民间文学，也关注塔塔尔和乌戈尔语的关系。由于乌拉尔—阿尔泰语的亲缘关系，他很自然地提倡"吐鲁番学"研究。

李：当您1965年成为德国科学院东方所研究生时，德国的突厥语文学研究情况如何？

茨默：自1902年至1914年，德国先后四次向新疆派遣了考察队，在吐鲁番及其周邻地区发掘了上万件以壁画为主的大量艺术珍品，以及数万件用各种语言、文字书写的文书残卷。在勒柯克（Le Coq）的坚持下，这些宝贵文物运往柏林，很快引起对中亚古文化研究有着特殊兴趣的人们的广泛关注。许多学者奔赴柏林，进行研究。一门新的学科——以吐鲁番地区命名的奇特学科"吐鲁番学"由此诞生了。

缪勒（Müller）、勒柯克、格伦威德尔（Grünwedel）是最早开展吐鲁番学研究的学者。1914年第一次世界大战爆发后，德国不再到中亚进行考察。战后，邦格（Bang）来到柏林。邦格不仅在吐鲁番学研究中取得巨大成就，而且吸引了来自土耳其、苏联、芬兰、波兰等许多国家的学者追随他学习。之后，他们将德国东方学传到世界各地。在邦格的众多学生中，最著名的是冯加班（Von Gabain），她与邦格合作刊布了《吐鲁番突厥语文献》六大册。她1941年发表的《古代突厥语语法》一书，至今仍是这一领域的里程碑。自1949年，她任汉堡大学突厥学和佛教学教授。

二战后，吐鲁番文献分割属于不同单位，给研究工作带来了困难。1947年东德科学院东方学所成立，大部分吐鲁番文献归该所管理。60年代初柏林墙建成，西德学者无法直接阅读东德藏品。1965年，在 W. Steinitz 和哈蔡的倡议下，东德科学院东方学研究所下设立了吐鲁番文献研究组。

我大学毕业后，有两个选择，一为去国家图书馆。我去参加面试，被告知不允许从事学术研究。由于我当时已立志当一名学者，这条件是我不能接受的，我离开图书馆，选择了第二条路，即当研究生（副博士）。我在哈蔡和荣格指导下，学习摩尼教文献。在读书研究中，哈蔡给我建议，对我的论文提出参考意见。经过刻苦学习，我通过了非常难的结业考试。但我当时还不是突厥语文学家，我只是追随哈蔡，学习突厥语言学。

李：您学了多少种语言？

茨默：我认为我学习的语言还不够。我并不认为学习外语有多么困难。当你掌握了一门外语，以后其他的外语学习会变得越来越容易。可能是中学时我英语老师教得非常好，我对学外语有兴趣。之后，学习了阿拉伯语、拉丁语、意大利语、瑞典语、法语、俄语、希腊语、伊朗语、土耳其语、乌兹别克语，还学习了古波斯语、突厥语，以及塞、巴克特里亚、粟特、梵文等中亚语言，但对中亚语言，我所知有限。我应该学习更多语言。学外语需要特殊才能，但这要看是什么样的语言，活的语言要练习发音，需要才能，但如果只是学习单词，一个字一个字地理解其含义，掌握语法，分析句子，这是学者的学习方法，不需要语言天才。

李：您的第一篇论文是关于回鹘文摩尼教徒忏悔词的研究，之后，您写了一系列关于回鹘摩尼文献的论文，在1969

年，完成了博士论文《吐鲁番回鹘语摩尼教文献的语言文字研究》。如您所知，在您之前，一些学者，如缪勒、勒柯克、冯加班、斯坦因、邦格、沙德尔、阿斯姆森以及俄国学者拉德洛夫、马洛夫都发表了对回鹘摩尼文献整理和论述的著作，为什么您还选择这一课题作为您研究回鹘文献的突破口？

茨默：在开始学习突厥语时，我只对语言感兴趣，并不知道摩尼教。随着哈蔡和冯加班的吐鲁番学研究，我了解到吐鲁番文献中，与浩如烟海的几乎占90％的佛教文献相比，摩尼教文献数量虽不是很大，但它们却因内容详细而显得特别珍贵，其中最有意义的为《摩尼教徒忏悔词》。所以当哈蔡让我选择题目时，我自然选择了回鹘摩尼文献，哈蔡表示同意，并与我共同讨论。之后，我对摩尼教教义产生兴趣，摩尼教思想深邃，也吸收了佛教的内容。摩尼教流传甚广，从美索不达米亚，到中亚，到蒙古，甚至中国敦煌、泉州，都有传播痕迹。吐鲁番文献为我们认识摩尼教在回鹘人中传播的情况提供了可贵的资料，所以任何一件残片都能向我们提供认识古代回鹘宗教的有用信息，都是弥足珍贵的。

李：在研究生期间，您撰写了关于回鹘摩尼文献及伊索寓言的论文，与哈蔡合作研究《金刚经》一书，同时还撰写书评，并翻译俄文论著，您做这些时遇到哪些困难？是什么信念支持您坚持学习的？

茨默：当时最大的困难是缺乏图书资料。由于战争，一些国家图书馆的书被移到别的国家，而大学图书馆虽有些书籍，但借阅不便，还有缺页现象。当时不能复印，只能抄，或打印。后来我就把需要阅读的文章照了相，之后自己修正。从某种意义上说，我比较善于使用工具。如当电脑普及时，我已经老了，但我仍然学会了使用，并从中受益。

我很幸运遇到了一个好老师，哈蔡，他在各方面支持我，鼓励我，坚定我的信心。他可以去西柏林，可以和西方学者交流，这也给我很大帮助。他还给我提供了去匈牙利的机会。能够遇到冯加班，也是我求学生涯中重要的事。她对我帮助很多，寄给我当时很难寻觅的书，如克劳森（Clauson）的《十三世纪前突厥语词源词典》等，我很感动。能够进科学院研究吐鲁番藏品，也是我的幸运，能够看到千姿百态的吐鲁番文献原件，令我感动。我虽然能力有限，但尽了最大努力。

李：经过大学和研究所严格的专业训练，您成为一名杰出的学者。您有什么经验希望对年轻一代谈吗？

茨默：这个问题难以回答，因为我更知道我的短处，而不是我的长处。当我回头再看自己发表的第一篇文章时，我认为自己应该写得更好。

对一个立志治学的青年学生来讲，首先，应该明确自己的兴趣，而不是去问老师自己应该研究什么，因为每个人的兴趣不同，研究方式也不同。另一类学生自以为是，指点江山，肆意批评以前的学者，对这一领域筚路蓝缕的开创者所经历的艰辛不理解。其实每一代学者都是在前人的基础上进步的，今天我们拥有比前人更好的条件，自然应该取得更大成绩。如果苛求前人，也不利于学术的进步。所以我虽然经历有限，也试图尽可能看得更远。

其次，应该树立一个目标，虽然这个目标有时会发生变化。只有目标明确，才能坚持不懈地进行研究。

二、治学

李：请谈一下您的主要研究成果，您有什么重要的发现？

茨默：当我们说到"发现"时，最大的发现是先驱者做的，属于勒柯克，我们的发现是微小的。我不是谦虚，这是事实。真正的发明创造并不容易。有些对出土文献的第一次解读，如我最近关于柏孜克里克残片的文章，虽然此前学者没注意到，也不能称作发现。新的文字、新的释读，只是好的语文学研究，也不是发现。我只是在提出新的解说方面，比前人有些进步。因为我已在突厥语文学领域研究数十年之久，你写得越多，懂得越多，也更容易发明新的观点。

我的研究集中在中亚出土不同文字的古代突厥语文本的释读上。这些释读通常包括对回鹘汗国时代三大世界宗教（佛教、摩尼教、景教）主题文本语文学问题的广泛注释，因为在丝绸之路上的吐鲁番地区，已经形成了一个多彩的宗教共同体。同时，我还探索了非宗教文献，如文学作品、社会经济文书（包括地契、收获文书、奴隶买卖文书、小麦借贷契约、租佃契约、家庭档案和卖房契、与高昌回鹘王国商业和消费有关的文书）等。

1969年，我完成了博士论文《吐鲁番古突厥语摩尼教文献的语言文学研究》。在论文中，我试图通过对回鹘摩尼文本进行广泛细致的音系学、形态学、形态音系学研究，探索回鹘摩尼文献特色，建立回鹘摩尼文献集成。这本论文未公开出版，但感谢土耳其学者欧勒麦兹（Mehmet Ölmez）制作了电子文本。在博士论文的基础上，1975年，我出版了《突厥语摩尼教文献》一书，作为柏林藏吐鲁番文献之五。这部书囊括了绝大部分未发表的柏林藏吐鲁番文献，每件都有转写、疏证、德译，并附有图版。之后，2000年，维尔金斯（Jens Wilkens）出版了突厥文摩尼教文献的目录。

1985年出版的《回鹘文佛教头韵诗》（柏林藏吐鲁番文献之十三）是我较喜欢的一部著作。阿拉特（Arat）将押头韵的诗歌从散文中分离出来，撰写了重要著作《古代突厥语诗歌》。在此基础上，我很幸运地能进一步搜集更多诗歌，我整理、汇编了长短不同的60种文书，大多数都是韵律著作的新残片，内容属本生故事、颂词、譬喻、题记等，还有一些赞扬回鹘王和回鹘人民的回鹘文赞美诗。

任何种类的佛经可能在回鹘文献中都存在，我主要研究的佛教经典包括数十种比较重要的译自汉文的佛经，如《金刚经》《妙法莲华经》《金光明最胜王经》《阿含经》《华严经》《观无量寿经》《阿弥陀经》《大般涅槃经》《维摩诘经》《圆觉经》《父母恩重经》《佛说十王经》《玄奘传》等，也研究了译自藏文的密教经典如《陀罗尼》《圣救度佛母二十一种礼赞经》，以及回鹘人自己的作品如《普贤行愿赞》及未定名的佛经，译自吐火罗文的《弥勒会见记》等。

我的研究目的在于复原整个回鹘文化。与原本比勘，回鹘文本可能更清晰，更有利于对汉文佛经的理解。当然，回鹘文佛教经典可能有翻译错误，但即使是误译，也体现了回鹘文化、哲学思想和文学特点。语言学的训练对文本研究十分重要，但只进行语言学的分析是不够的，因为我们的目的是探索为什么回鹘人这样写，这是第二层次的问题。如一件《千字文》文书，上有回鹘、摩尼两种字母，很明显作者是用回鹘字母翻译《千字文》，而用摩尼字母音译转写，这种安排，颇有旨趣，体现了作者试图区分回鹘文、汉文的努力。

李：吐鲁番学包罗万象，但您几乎穷尽了它的方方面面，从文本看，从宗教文献到世俗文书，您都进行了细致研究；从文献涉及的领域看，由文学到医药，由天文到经济，由饮酒到施主等，您都逐一探讨；从写本文字看，您研究了用回鹘字母、摩尼字母、叙利亚字母、八思巴字和汉字拼写的文献及碑铭等。此外，您还研究了摩尼教、景教文献，回鹘语诗歌、寓言、罗摩衍那、五台山赞、五更转、千字文，等等。您是如何进行这种百科全书式的研究的？易言之，您是如何扩展研究领域的？您的研究有阶段性吗？

茨默：因为我想阅读整理全部回鹘文献，不只是佛经，而是整个回鹘文献。我只是根据文献资料的内容进行研究，这样才能探索回鹘文化的本来面貌。遗憾的是，有些文献已经丢失了，我们不可能进行全方位、百科全书式的研究。我虽然进行了广泛探寻，但我还希望继续扩展领域，如我现在还对道教的影响感兴趣。转变研究领域扩展研究范围并非易事，我也有一些论文未能完成。坦率地说，当我看到一份新的文本，我第一次阅读它时总有读"天书"之感，之后，循序渐进地研读，才能判断它的内容。

李：您研读了柏林所有回鹘文藏卷吗?

茨默：还不止柏林的收藏。俄罗斯、英国、法国、瑞典、土耳其、日本以及中国的北京、乌鲁木齐等地的博物馆和图书馆或其他机构的回鹘文献，我也尽量搜集、研读，对此我比较有信心。

李：您从收集支离破碎的资料入手，整理、释读，努力确立准确文本，同时，您还开展关于回鹘姓名学、名称、单词术语、局部特殊词汇、木刻本等系列研究，尽量建立一种科学的方法，试图对以往的局部的、个体的研究进行归纳综合和总结，以期展示回鹘汗国历史文化的全貌，这是您的目的吗? 您从事研究的指导思想是什么?

茨默：柏林吐鲁番研究所的标语是"从吐鲁番考古到吐鲁番考证"。整理文书，不同专业分支因学科性质而不同。我们的工作围绕写本的排比、相关残片的缀合，最终把各种版本纂集起来，最大可能构建著作原貌。柏林吐鲁番文献整理方法的另一特点是集翻译、注释于一体，尽量附有词汇表，以便于其他领域学者检索。对吐鲁番文献的研究，我没意识到我试图建立科学的方法，进行新的分析尝试，我只是从文献的内涵入手，进行理解和阐释，在融会贯通的基础上，再进行综合研究，得出有限的假说。

李：请谈一下您将来的研究计划。

茨默：由于精力有限，我不得不缩减我的研究计划。我准备完成我的另一本专著《历史与回鹘文学》，我将追溯各种形式的文学，真正的文学，包括文书、信函，而在我眼里，翻译佛经也是文学。我的第二项计划是研究《十王经》，吐鲁番有回鹘文本、汉文本，一些写本包含图画。我努力根据完整的汉文本，重新恢复回鹘文全貌。这项工作比较复杂，但又不可或缺，因为我们必须先确定碎片与写本的对应关系。地狱审判观念在中亚流传甚广，回鹘文中的地藏王呈现出与众不同的面貌。此外，我还要与日本学者合作研究净土宗经典等，也计划与其他学者共同研究斯文·赫定收藏写本。

三、学术活动

李：作为德国柏林勃兰登堡科学院吐鲁番研究所所长，您在任时做了哪些工作？

茨默：在吐鲁番研究所的团队中，我感到幸福，同事们互相帮助，共同合作研究吐鲁番文献，并与哥廷根大学合作，卓有成效。研究所对吐鲁番文献进行编目，目前所有的藏品目录已接近完成。另一项工作是将文献全部数字化，使所有吐鲁番文献的电子图本能被世界各地研究者使用，这是科学院支持的一个专项课题，始于和阗塞语专家艾默瑞克（Emmerick）任所长之时。

为了普及吐鲁番学知识，我们还编制了一个精美的小册子《吐鲁番研究》，由我负责编辑，全所成员共同讨论撰写。我们几乎商讨了每一个句子，尽量涵盖更多信息，资料可信，介绍准确。它促进了更多人对丝绸之路和吐鲁番学的关注和了解，成为一种新的宣传途径。

李：2002年，您作为组织者之一，主持召开了"重访吐鲁番"国际大会，这次会议被称为一次成功的盛会，您能谈谈召开这次会议的经过吗？

茨默：这次会议的筹备，始于2000年，日本学者百济康义和我提到召开一次国际会议，纪念丝绸之路文化和艺术研究一百年。我与当时的所长宗德曼商量，由科学院吐鲁番研究所与柏林印度艺术博物馆、国家图书馆东方部三家在2002年9月8日至14日联合举办了这次国际会议，同时还举行了丝绸之路艺术展。这次大会非常成功，我们得到了政府的资助，我的同事们也精诚合作。来自世界各地的140多位学者莅临会议，宣读论文。会后，用两年的时间，包含72篇论文的会议论文集编辑出版了。

李：您和许多外国学者合作进行了学术研究，您能介绍一下这些合作研究的成果吗？

茨默：是的，我应该提到我的朋友，这很重要，他们给了我许多帮助，我没齿难忘。

由于吐鲁番学的特点，在这个领域，国际合作是非常必要的。我的第一个合作者是前面提到的哈蔡。1971年，我们合作出版了《回鹘文〈梁朝傅大士颂金刚经〉残卷》，为柏林藏吐鲁番文献之一。该书整理、释读、注释了根据汉文托名梁朝傅大士之《颂金刚经》的回鹘文写本和木刻本。其他《金刚经》文本最近由雅库甫（Abdurishid Yakup）整理，作为新一卷柏林吐鲁番文献出版。

1976年，我和匈牙利学者卡拉（György Kara）合作刊布了《回鹘文密宗文献译本残卷》（柏林藏吐鲁番文献之七），该书释录、注释的是被缪勒称为的"喇嘛教魔法礼仪"，我们确定了其所依经典为《千手千眼观世音菩萨陀罗尼身经》和《观世音菩萨秘密如意轮陀罗尼神咒经》等。这也开启了我和卡拉持久的合作。卡拉是匈牙利最伟大的学者，他精通亚洲语言，从蒙古文、藏文到汉文，无一不精。他也非常善良，性情随和。我们经常在一起，甚至一起庆祝新年。我们还合作撰写了《萨迦班智达〈甚深道上师瑜伽〉和〈文殊所说最胜名义经〉的回鹘文译本》（柏林藏吐鲁番文献之八）、《回鹘文度亡书——大英博物馆藏敦煌本 Or. 8212－109 所见译自藏文的纳若巴撰〈死亡书〉》等，并一起辨认、整理、刊布了译自汉文伪经《佛顶心大陀罗尼》回鹘文译本。我们将来还有合作计划。

第三个合作伙伴是百济康义。我们的合作开始较晚，始于对《观无量寿经》回鹘文译本来源的研究，之后，我们共同研究，发表了若干篇关于上座部佛教文献《阿含经》的论文，出版了《观无量寿经》的专著，还共同辨识了柏林藏两件回鹘文《玄奘传》未刊残卷。他经常邀请我去日本。后来他得了喉癌，2004年去世。这些都是我最好的朋友。

李：您还和日本学者合编了被学界称为回鹘世俗文献研究丰碑的集大成之作——《回鹘文契约文书集成》。

茨默：我应该提及日本学者山田信夫。1964年，他来到柏林访问冯加班，我得以与之相识，他邀请我去了日本。山田最早开始《集成》的编纂工作。1987年，他突然去世，森安孝夫、小田寿典、梅村坦和我一起继续编辑，我们收录山田的论文，分说明、正文、附录三部分，对121件四类（典籍、文书、记录、碑铭）回鹘契约逐一转写、日译、德译，并译注，后附清晰图版。该书于1993年出版。这也是我和日本学者一次愉快的合作。

李：在突厥语文学领域，似乎存在着为学者编辑祝寿论文集的传统，您主编过多少学者的纪念论文集？

茨默：在法国学者哈密顿（J. Hamilton）八十寿辰之际，我和巴赞（Louis Bazin）一起为他编辑了纪念论文集。哈密顿是非常出色的回鹘史研究者，以《五代回鹘史料》《9至10世纪敦煌回鹘文文献》等知名。我们有着深厚的友谊。令我欣慰的是，这本纪念文集是在他去世前出版的，给了他惊喜。当时我正患有目疾，阅读艰难，又没有助手，而有的稿件转写极难处理。但我克服困难，完成了编纂工作，我还在书中为他写了小传。

我还为百济康义编了一本纪念文集，但那是在他去世三年之后，不能算祝寿文集。

李：您还编辑了耿世民先生八十寿辰纪念论文集，您是其中的编委之一。

茨默：是的。虽然我不是正式主编，但在中央民族大学的几个夜晚，我一次次去和主编商量修改的事，告诉他必须改正某处，等等。

四、突厥语文学与内陆欧亚学

李：请叙述并评价国际突厥语文学研究的现状。

茨默：德国仍然是突厥语文学最发达的中心。在土耳其，有许多出色的突厥语文学学者，但没有充分利用资料，许多人只集中在土耳其历史研究，领域狭窄。而在德国，突厥语文学属东方学范畴，学者研究更加自由。目前，美国呈衰弱之势，英国在发展之中，法国以奥斯曼土耳其研究著名，意大利有少数突厥学研究者，匈牙利的突厥学研究有优良传统，但一度中断，波兰有些学者，捷克更注重土耳其研究。这样看来，日本是突厥语文学研究的另一个中心。荷兰也有学者从事突厥语文学，但最好能扩展之。

李：您如何评价中国的突厥语文学研究？

茨默：耿世民是开创中国突厥语文学的第一位学者。他在突厥语所有的领域几乎都有涉猎。他是研究新文献的先锋，如考古学家和历史学家们在新疆和甘肃地区发现了很多文献，他以勇气和激情第一个投入其中。他还是石碑文献研究的先驱，也是各国学者之间合作的开创者。他以坚忍不拔的毅力，尽最大努力，取得了成功，令人敬佩。目前，他的学生在世界各地进行着研究。

中国社会科学院、新疆的一些大学、中央民族大学、北大、人大、复旦的一些教师和学生加入了内陆欧亚学研究的行列，这必将推进中国突厥语文学和内陆欧亚学的进展。

李：您如何评价中国的学术环境？请提出一些建议和希望。

茨默：现在中国，就做学问而言，有丰富的资料，有良好的发展前景，有各种合作机会，有普遍的学术交流。在学术会议上，学者能互相争论，讨论批评。年轻的学者能够顺利出国进修，开阔眼界。每天我看电视，都能听到政府鼓励支持教育的声音，国家对学校、对教育重视，使中国的学术环境改进了许多。中国有财力邀请外国学者前来讲学、授课，一定程度上促进了学术文化的繁荣。如果与冯加班访华（1982年）时的情形相比，中国的变化令人惊喜。我很喜欢中国目前的学术环境，感到有合作趋势，真正的交流还有待加强，图书馆也有需要改进的地方。

李：请谈谈世界突厥语文学发展前景。

茨默：没有人能预见将来会如何发展。一百多年来，突厥语文学取得了长足进步，我很高兴看到年轻一代的学者已经成长起来。我希望世界各国都有年轻学者投身这一事业，通过各国学者的通力合作，使珍贵的突厥语文献得到充分整理、研究，丰富人类的文化财富。

李：现在有的学者提出要编辑回鹘文的《大藏经》，您认为这个提法可行吗？

茨默：现在，这项工作并不急于进行，我们必须等一段时间。因为还有一些文本没有释读，没有出版，同时，我们还要区分真正的创作和翻译的文本，我们还需要做许多基础性的语文学研究工作。然后，编纂这样的回鹘佛经集成，才能可行。但在工作进行中，我们可能又会发现新的文本，使工作再重新开始。新的原始文本的发现，是我的梦想。

李：您能谈谈突厥语文学在内陆欧亚学研究中的意义吗？

茨默：即使是提出内陆欧亚概念的塞诺（Denis Sinor）也对突厥人印象深刻。当然，他是从另一角度进行观察、研究。他重视古突厥人的文字，珍视突厥碑铭。从现今的考古发掘看，在早期历史阶段，只有突厥人才有碑铭。因此，突厥语文学在内陆欧亚学中起了重要作用。除碑铭外，还发现了西突厥的资料、货币及其他文书等。欧亚研究如此广阔，没有人能以一种方式将之全部囊括在内。冯加班曾写过一部关于内陆欧亚的著作。实际上，撰写欧亚历史困难重重，因为许多资料已经失去，许多领域还是空白。但是无论如何，需要发展内陆欧亚学的研究，这是一个大有可为的学科，许多层面的研究亟待深入。近年内陆欧亚学研究有加强的趋势，如研究不同地区游牧民族和定居民族关系的相似性等。

李：2006年，中国社会科学院历史研究所内陆欧亚学研究中心成立，我们除了出版8辑《欧亚学刊》之外，还举办了三次有关古代内陆欧亚学国际会议，并建立了内陆欧亚学网站，还在编辑《欧亚学刊》的英文版和国际版。其中英文版翻译中国学者的优秀论文，国际版发表世界各国学者的最新研究成果。前月，国际版已经向您约稿。现在您是内陆欧亚学研究中心的客座研究员，对此，您有何感想？

茨默：我对《欧亚学刊》打破中西交流障碍的努力感到振奋。虽然不能把所有文献都拿来翻译，但《学刊》持续不断出版，将会扩大翻译内容，产生重要影响。

我很感激也很荣幸成为内陆欧亚学研究中心的一员，我将向《欧亚学刊》投稿，并尽我的责任。也祝愿内陆欧亚学研究中心取得更大成绩！

李：胜光法师（Küntsün Šali Tutung）、夔夔（Kki Kki）、安藏（Antsang）等杰出的回鹘学者和诗人，精通多种语言，翻译了大量回鹘文经典，为创造辉煌灿烂的回鹘文化做出了重要贡献。这些翻译家中，您最喜欢谁？

茨默：可能安藏是更伟大的学者。安藏在回鹘文和汉文史料中的记载不同，似乎有两种生活。据回鹘文，他撰写了1288颂。

李：安藏是13世纪的高僧，他五岁时从父兄学习经书。九岁始从师力学，一目十行，日记万言，精通儒家及佛教经典。十九岁受命于朝廷，后官拜翰林，执掌宗教事务。他除译《华严经》为回鹘文外，还参与了《至元法宝勘同总录》的编纂，将《圣救度佛母二十一种礼赞经》《文殊所说最胜名义经》等译为回鹘文，创作了押头韵的佛教长诗《十种善行赞》和《普贤行愿赞》。从发扬回鹘文化这个角度讲，您可称作"当代的安藏"。您从事的是通过对回鹘文献的研究，在世界范围内阐扬回鹘文化，您最喜欢的城市是中国的吐鲁番，在您的名片上，也印上了"高昌"字样，您对回鹘文化全身心地热爱，也与安藏对佛教信仰虔诚，带着万般仁善从事翻译事业，将之视如生命同出一辙，因此我以"当代的安藏"，作为这次访谈的题目。耽误了您的时间，非常感谢！

茨默：谢谢你！也请代我向内陆欧亚学研究中心的同仁致以诚挚的问候！

（原载《晋阳学刊》2010年第3期）

古史新篇：吉尔吉斯历史文化研究

吉尔吉斯（柯尔克孜，Kirghiz）是内陆欧亚古老而重要的民族之一。历史上吉尔吉斯在内陆欧亚舞台上发挥了重要作用，并创造了辉煌灿烂的文化。自19世纪末以来，蒙古鄂尔浑河流域和俄罗斯叶尼塞河上游鲁尼文碑文的发现，使吉尔吉斯历史文化受到高度关注，历史研究随着叶尼塞碑铭的释读而展开。拉德洛夫（W. Radloff）1894年出版《蒙古古代突厥碑铭》第1卷开启了叶尼塞碑铭研究序幕，奥尔昆（H. N. Orkun）1940年出版《古代突厥碑铭集》第3卷，马洛夫（C. E. Малов）1952年出版《突厥叶尼塞文献》，更丰富了叶尼塞碑铭的内容。叶尼塞碑铭研究成为国际显学，长盛不衰。这些碑文无疑为研究吉尔吉斯历史提供了翔实可信的材料，但用154方碑铭对吉尔吉斯进行历史构建是不完整的，必须结合其他语言文献，尤其是中文文献进行综合研究。

除鲁尼文碑铭外，记录吉尔吉斯历史的文献还有中文、波斯文、阿拉伯文、蒙古文、满文等。中国自先秦以来的历史文献中就有关于吉尔吉斯的记载，内容丰富。在中文史籍中，对吉尔吉斯有不同的称谓：《史记》称为"鬲昆"，《汉书》称"坚昆"，《魏书》称"纥骨"，《周书》称"契骨"，

《隋书》称"护骨"，唐、宋文献中称"结骨""坚昆""纥扢斯""居勿""黠戛斯"，辽宋金时期作"辖戛斯""辖戛司""纥里迄斯"，蒙元时期作"吉利吉思""乞尔吉斯"，这些均为不同时期对 Qïrqïz（Kirghiz）的不同译写，清代沿用准噶尔蒙古对柯尔克孜族的称呼"布鲁特"。由于吉尔吉斯的历史保存在中文史籍中，并延续两千多年不断，因此中文史料是吉尔吉斯历史研究的最重要资料。

吉尔吉斯斯坦人民非常重视自己的历史。由于长期没有自己的文字记载，吉尔吉斯人依靠一代代的口耳传承，每一个人都要记住七世祖先的名字和事迹，以此坚定地保存着对历史、民族和祖先的记忆。近代以来，尤其是吉尔吉斯斯坦独立以来，重写自己的历史，发掘其悠久的历史文化，成为这个古老而年轻的国家的头等大事。

中文史籍中虽然有关于吉尔吉斯历史的记载，但这些资料分散在浩如烟海的史籍中，搜集不易，整理、研究更难。吉尔吉斯斯坦一直渴望和中国历史研究合作进行吉尔吉斯历史研究，希望中国学者搜集和整理中国史籍中关于吉尔吉斯历史文化的资料，并多次派大使馆文化参赞在北京寻求合作机会。因缘际会，这项合作任务历史地落到我们中国社会科学院历史研究所（今古代史研究所）古代中外关系史研究室同仁身上。

一、合作研究的契机与合作协议的签订

2018年5月，我们古代中外关系史研究室部分研究人员

申请了中国社会科学院国际合作局"丝绸之路万里行"课题，拟赴吉尔吉斯斯坦进行调研。吉尔吉斯玉素甫·八剌沙衮（Jusup Balasagyn）国立大学著名历史学家、吉尔吉斯斯坦历史学会会长腾其特别克·齐奥罗耶夫（Tyntchtykbek Tchoroev）教授发来邀请函，热烈欢迎中国学者的到来，并安排了圆桌会议，拟与中国学者探讨吉尔吉斯历史文化问题。但由于时间紧，未来得及办各种手续，这次调研未能成行。

6月下旬，齐奥罗耶夫会长在电邮中告诉我们，吉尔吉斯共和国总统办公厅下属的吉尔吉斯斯坦人民历史与文化遗产基金会（MURAS，简称穆拉斯基金会）克亚孜·莫力多卡斯莫夫（Kyias S. Moldokasmov）会长将来北京参会，希望双方能见面会谈。莫力多卡斯莫夫会长在京的时间很紧，我们与他只谈了一个多小时。我们向会长赠送了研究室和内陆欧亚学研究中心编辑的《欧亚学刊》英文版和国际版，并向他介绍了我们研究室在欧亚草原游牧民族研究中取得的成果等。莫力多卡斯莫夫会长说，他了解到中国社会科学院历史所（当时还没改名为古代史研究所）是中国历史研究重镇，希望我们能够帮助搜集和整理中国史籍中关于吉尔吉斯历史文化的资料。他还邀请我们参加8月26日至9月4日在吉尔吉斯斯坦举办的"第61届国际阿尔泰学会会议（61th Permanent International Altaistic Conference）和世界游牧大会（III World Nomad Games）"，我们欣然接受邀请。

8月26日，我们一行5人（李锦绣、青格力、贾衣肯、李鸣飞、孙昊）抵达比什凯克，参加"第61届国际阿尔泰学会会议"，并分别在小组会上做了发言。吉尔吉斯共和国总统索伦拜·热恩别科夫（Sooronbay Jenbekov）参会并致辞，让我们感受到吉尔吉斯斯坦人民对历史文化的重视。27日晚，热恩别科夫总统约见我们五人。我们于2018年8月29日上午11点与热恩别科夫总统在总统官邸会面，围绕中国史籍中有关吉尔吉斯人记载的整理与研究问题进行交流。参加会议的还有莫力多卡斯莫夫会长和总统府工作人员沙纳兹（担任翻译）。

莫力多卡斯莫夫会长驱车带中国学者进入。到达总统官邸停车场后，他用电话向总统汇报中国学者的到来。总统说不能让远道而来的中国客人走进来，他命莫力多卡斯莫夫会长驱车直入，将中国学者直接送到见面的大楼门前。

会谈进行了近1个小时。索伦拜·热恩别科夫总统首先对中国学者的到来表示热烈欢迎。他说，吉尔吉斯斯坦和中国有长期友好往来的历史，这种友谊一直在延续，因此对能和中国历史研究者会面感到非常高兴。吉尔吉斯斯坦十分重视对于吉尔吉斯历史与文化以及中国与吉尔吉斯斯坦关系史的研究。吉尔吉斯斯坦从苏联时期走过来，20世纪90年代成为独立国家。但长期以来，吉尔吉斯斯坦国家的历史是苏联学者撰写的，吉尔吉斯斯坦独立后，有条件也应该重新书写自己的历史。而吉尔吉斯的相关历史在中文史料中有很多记载，因此迫切需要中国学者的帮助。总统反复强调，中国一直在各方面支持和帮助吉尔吉斯斯坦进行发展和建设，给吉尔吉斯斯坦很大帮助。他本人多次去中国，尤其是在西安看到兵马俑，了解中国数千年的文明和悠久历史文化后，更感到重新书写吉尔吉斯斯坦历史的迫切性。在他访问新疆的克孜勒苏柯尔克孜自治州时，当地人赠送给他一本《汉文史籍中的柯尔克孜族资料选译》，他阅读之后觉得非常有意义，也意识到中文史籍对吉尔吉斯历史文化研究的重要性。因此，他在今年6月份访问中国，与国家主席习近平会面时，提出希望中国协助吉尔吉斯斯坦搜集和整理中国史籍文献、档案和博物馆中关于吉尔吉斯历史的资料。习近平主席表示要大力支持。热恩别科夫总统表示非常感谢！他非常高兴看到中国社会科学院学者的到来，获知中国社会科学院历史研究所是研究中国古代历史与文献的权威学术结构，十分希望能将此项工作托付给我们，希望我们协助吉尔吉斯斯坦整理、研究中国历史文献中的吉尔吉斯的资料，并向我们询问了合作的细节问题。

我代表一行五人向总统的邀请表示感谢。我首先向热恩别科夫总统介绍了中国社会科学院历史所中外关系史研究室长期以来致力于中亚史、内陆欧亚研究的情况，并简述了中文、蒙古文史籍和满文档案中有关吉尔吉斯历史文化的记载，同时提出中文、蒙古文史籍中关于吉尔吉斯历史文化资料整理工作的基本思路和较为详细的计划。

中国与吉尔吉斯斯坦两国的友谊源远流长。中国自先秦以来的历史文献中就有关于吉尔吉斯的记载，内容非常丰富，但这些记载分散在浩如烟海的史籍中，搜集整理并不容易。这项工作应该分两个部分：第一，搜集中文、蒙古文中关于吉尔吉斯历史文化的资料；第二，搜集中外学者关于吉尔吉斯历史文化的研究成果，因为这是整理研究的基础。第二部分工作相对较为容易，中国学者可负责汇集东亚学者的研究成果，将东亚现有的吉尔吉斯学术研究论著进行汇编，以便于日后查找与利用。而对中文、蒙古文中吉尔吉斯历史资料的搜集与整理，具体工作可分五步走：

1. 在阅读大量文献的基础上，进行逐条爬梳，把有关吉尔吉斯历史文化资料检索出来。

2. 将这些资料汇集为资料长编。按时间顺序排列。大致分为先秦，汉至南北朝，隋唐，五代至宋、辽、金、元，明清时期。以事件为中心。不同史籍的相同记载附在同条史料之后。

3. 对这些史料进行去粗取精，去伪存真的分析。

4. 结合当时历史形势，根据史料性质，进行适当注释。

5. 如果需要，将相关记载翻译成现代汉语，方便吉尔吉斯斯坦学者使用、翻译和出版。

热恩别科夫总统对我们的计划非常满意。他希望尽快展开工作，因为历史就是未来，这项工作一定要做好。他将与中方的合作联系工作交给总统办公厅下设的穆拉斯文化基金会，希望在明年（2019年）6月习近平主席访问吉尔吉斯斯坦之前推出阶段性成果。他邀请我们在明年5月访问吉尔吉斯共和国，将听取研究工作的进展情况。同时表示，为更好地完成这项工作，愿意为双方合作及我们在吉尔吉斯斯坦境内进行历史文化调研提供便利。

我们表示，研究历史是我们的责任。对中文、蒙古文和满文文献档案中的吉尔吉斯史料进行整理和研究，对研究中亚史、内陆欧亚史都具有重要意义。我还提出争取明年6月前出版《欧亚学刊》新9辑作为"吉尔吉斯（柯尔克孜）历史与文化研究专号"，汇集中吉两国学者合作研究的阶段性成果，为中吉两国的友谊做出贡献。

9月7日，代表团返回北京，向历史（古代史）所和中国社会科学院国际合作局汇报了与吉尔吉斯斯坦总统会面的情况，及双方就中国史籍中关于吉尔吉斯历史文化记载的整理与研究问题初步确定的合作意向。古代史研究所和中国社会科学院国际合作局对这一合作高度重视，成立了以余太山和我为首的"中文、蒙古文等史籍中有关吉尔吉斯（柯尔克孜）历史文献整理与研究"课题组，积极开展搜集资料和整理注释工作。

2019年1月，莫力多卡斯莫夫会长来到中国，代表穆拉斯基金会与中国社会科学院古代史研究所商讨合作事宜。经会谈，双方决定在整理中文文献中与吉尔吉斯相关的史料、发表和出版相关研究成果、共同举办学术研讨会与促进学者学术互访等方面进行合作。1月23日，古代史研究所所长卜宪群与莫力多卡斯莫夫会长签署了合作协议。双方的合作正式展开。

二、《欧亚学刊·吉尔吉斯（柯尔克孜）历史文化研究专号》

签订合作协议后，中吉两国学者积极投入吉尔吉斯历史文化研究中。这是中吉两国学者在历史研究领域的第一次合作。中吉两国历史研究者各有所长，各具特色。吉国学者使用叶尼塞如尼文、波斯文为其所长，对吉尔吉斯考古遗迹及文物研究更是其优势领域；中国学者则有语言优势，大量的中文、蒙古文、满文文献，都需要中国学者进行搜集、整理、解读和研究。因而在合作过程中，吉尔吉斯斯坦学者主要负责吉尔吉斯斯坦境内考古文物整理与研究，中国学者负责汉文等史籍中关于吉尔吉斯历史文化文献的整理。

根据合作要求，我们制订了"中文、蒙古文等史籍中有关吉尔吉斯（柯尔克孜）历史文献整理与研究"课题计划。此课题包括三部分：（一）吉尔吉斯历史文化的研究成果目录和资料汇编；（二）中文、蒙古文有关吉尔吉斯（柯尔克孜）历史文化资料长编校注；（三）中文史籍中吉尔吉斯历史文化文献今译。中方研究团队由我和中国社会科学院荣誉学部委员余太山主持，课题组成员还有中国社会科学院古代史研究所研究员、内陆欧亚学研究中心常务副主任青格力，中国社会科学院古代史研究所研究员、中外关系史研究室主任李花子，中国社会科学院古代史研究所副研究员贾衣肯、孙昊、李鸣飞、李艳玲，中国社会科学院中国边疆研究所助理研究员陈柱，中国社会科学院古代史研究所博士后、现山东大学历史学院副教授曹金成。其中贾衣肯为柯尔克孜族，她在双方沟通、联络、翻译方面也做出了重大贡献。

中国学者很快投入对中文、蒙古文史籍中相关文献的梳理与研究中，我们花较多时间完成资料长编和注释工作。在研究中，余太山对中文史籍中吉尔吉斯的最早称谓和记载取得了突破性进展。

长期以来，中外学者一直认为《史记》《汉书》中的

"鬲昆""隔昆""坚昆"是吉尔吉斯（柯尔克孜）的最早称谓。《史记·匈奴列传》记载："（匈奴）北服浑庾、屈射、丁零、鬲昆、薪犁之国。"《汉书·匈奴传上》将"鬲昆"作"隔昆"。鬲昆与隔昆的古音都是［kek-kuən］，二者读音相同。在《汉书·陈汤传》中有"（匈奴）郅支（单于）由是遂西破呼偈、坚昆、丁令"的记载。坚昆的古音为［kyen-kuən］，其与"鬲昆""隔昆"一样，都是对同一部族的不同音译。《史记》中的"鬲昆"作为被匈奴征服的部族之名而被提及，这也是学界对早期吉尔吉斯历史的认识。余太山则注意到了《穆天子传》中的"鄄韩"。鄄韩人是在穆天子西行去途遇见的部族之一。《穆天子传》透露了鄄韩人的居住环境及生活、生产方式："鄄韩之人无凫乃献良马百匹，用牛三百，良犬七十，牝牛二百，野马三百，牛羊二千，穈麦三百车。"鄄韩族以游牧为主，兼营农耕，十分富裕、繁荣。这样的部族，在穆天子往返途中是很少见的。余先生考察了穆天子的行程路线，鄄韩人居地当在今天的友谊峰之西、布赫塔尔玛河流域。从语音上，"鄄韩"［kiwən-hean］可视为"鬲昆"或"坚昆"之同名异译，"鄄韩"是《史记·匈奴列传》所见"鬲昆"或《汉书·陈汤传》所见"坚昆"之前身，也就是说，《穆天子传》中的"鄄韩"是吉尔吉斯的最早称谓。

《穆天子传》于西晋太康二年（281）出土于汲郡战国（前476—前221）魏襄王墓。《穆天子传》前四卷叙述穆王西征事，一般认为，这四卷可能成书于战国后期，当为传说而附会于穆天子者，但可能包含早至西周的史料。其现实背景主要为至迟在公元前7世纪末业已存在的东西交通路线，部分可以和希罗多德的记载相互印证。书中有关穆天子西征行程的记载不失为中国最早的丝路文献。因为反映公元前7世纪的交通路线中提到鄄韩，则鄄韩存在的时间也早于公元前7世纪末。

余太山的这一研究成果将中文史料对吉尔吉斯历史的记载提前了数百年。这对吉尔吉斯历史研究具有划时代的意义。

4月26日，索伦拜·热恩别科夫总统访华期间，于其下榻的钓鱼台国宾馆，再次约见了中国学者。下午，中国社会科学院中国古代史研究所田波副所长、李锦绣、青格力研究员和贾衣肯副研究员，与总统一行围绕中文史籍中有关吉尔吉斯（柯尔克孜）历史文献整理与研究课题进展情况进行了交流。

会谈进行了50分钟。热恩别科夫总统首先对中国学者抽出时间来宾馆见面表示感谢。他说，去年6月他访问中国时，在中国特意观看了汉语歌剧《〈玛纳斯〉史诗》演出，这体现了中国政府对吉尔吉斯历史文化的重视。吉尔吉斯和中国有着悠久的交往，长期以来友好相处。吉尔吉斯历史悠久，在中文史料中有丰富记载。他希望了解中方对中文史籍中有关吉尔吉斯文献整理的进展情况，也想了解中方遇到的问题和要求。

田波副所长首先代表卜宪群所长转达对总统的问候，并对总统在百忙中约见所内研究人员表示感谢。他回顾了古代史研究所与吉尔吉斯斯坦人民历史与文化遗产基金会合作的历程，重申了古代史研究所对这一课题的重视和对这项研究工作的支持，并期待双方合作取得成功。

之后，我汇报了"中文、蒙古文等史籍中有关吉尔吉斯（柯尔克孜）历史文献整理与研究"课题进展情况，同时也介绍了余太山的突破性进展。热恩别科夫总统对这一发现深感兴奋，他说今年6月在吉尔吉斯斯坦与习近平主席见面时，一定将此告诉习近平主席。

我还介绍了《欧亚学刊·吉尔吉斯（柯尔克孜）历史文化研究专号》的编辑情况。经中国和吉尔吉斯斯坦学者的共同努力，双方的合作已取得阶段性成果，这些成果汇集在《欧亚学刊》新9辑"吉尔吉斯（柯尔克孜）历史文化研究专号"中。这一辑共有16篇文章，其中中国学者撰写11篇，吉国学者4篇，双方共同撰写1篇。成果包括中、吉学者的研究论文，史料的注释和柯尔克孜（吉尔吉斯）历史文化研究目录初编三部分。双方共同撰写的是《吉尔吉斯（柯尔克孜）历史文化研究目录初编》，中国学者负责汇集中国、日本、韩国和欧美学者的研究成果，吉尔吉斯斯坦学者负责俄文与吉尔吉斯文研究成果，双方将现有的吉尔吉斯学术研究论著编目，完成了目录初编。

热恩别科夫总统对课题组能够在6月份出版阶段性成果深感欣慰。他鼓励中国学者一如既往地继续开展研究，并热情邀请中国学者在6月到吉国调研。他还和中国学者确定了双方6月在吉国举办吉尔吉斯历史文化学术研讨会学术会议事宜，责成莫力多卡斯莫夫会长具体落实承办会议和中国学者在吉国调研事宜。

三、"中国与吉尔吉斯斯坦：古丝绸之路开启的友好关系"研讨会暨"中文史籍中有关吉尔吉斯（柯尔克孜）历史文献整理与研究"成果发布会

2019年6月13日至14日，上海合作组织成员国元首理事会第十九次会议在吉尔吉斯斯坦首都比什凯克举行，中国国家主席习近平于6月12日至14日对吉尔吉斯共和国进行国事访问并出席会议。6月10日，吉尔吉斯斯坦人民历史与文化遗产基金会与中国社会科学院共同举办"中国与吉尔吉斯斯坦古丝绸之路开启的友好关系"研讨会暨"中文史籍中有关吉尔吉斯人（柯尔克孜）历史文献整理与研究"成果发布会，并组织了吉尔吉斯历史文化遗迹调研活动（6月11日—17日），以增进两国相关领域之间的交流与合作。

6月9日，中国社会科学院古代史研究所古代中外关系史研究室李锦绣、青格力、李花子研究员，贾衣肯、孙昊、李艳玲副研究员和商务印书馆文津公司总编辑丁波、中国社会科学院中国边疆史研究所陈柱博士，以及博士、硕士研究生朱萧静、徐弛、张筱舟到达吉尔吉斯斯坦。10日上午，中国社科院副院长王京清、中国社科院古代史研究所所长卜宪群、中国社科院俄罗斯东欧中亚研究所所长孙壮志、中国社科院国际合作局副局长周云帆、中国社科院国际合作局欧亚处处长金哲、中国社科院办公厅副研究员杨发庭抵达比什凯克，不顾旅途劳累，直接参加了下午举办的"中国与吉尔吉斯斯坦：古丝绸之路开启的友好关系"研讨会暨"中文史籍

中有关吉尔吉斯（柯尔克孜）历史文献整理与研究"成果发布会。

会议在吉尔吉斯斯坦阿鲁库勒·奥斯曼诺夫（Alykul Osmonov）国家图书馆三楼"成吉思·阿依特马托夫（Chingiz Aitmatov）文化中心"召开。会议由中国社会科学院古代史研究所及吉尔吉斯共和国科学院历史、考古与人类学研究所承办，中国、吉尔吉斯斯坦和俄罗斯学者百余人参加了这次会议。这次会议也是"中文史籍中有关吉尔吉斯（柯尔克孜）历史文献整理与研究"课题研究成果的集中展示，发布了本课题的阶段性成果《欧亚学刊·吉尔吉斯（柯尔克孜）历史文化专号》。

会议开幕式由莫力多卡斯莫夫会长主持，吉尔吉斯共和国总统办公厅主任叶谢纳利耶夫（Dosaly Akparalievich Esenaliev）、吉尔吉斯共和国科学院院长朱玛塔耶夫（Murat Jumataev）致欢迎辞，中国社会科学院副院长王京清，中国社会科学院古代史研究所所长卜宪群，吉尔吉斯共和国科学院历史、考古与人类学研究所所长阿桑卡诺夫（Abylabek Asankanov）及商务印书馆文津公司总编辑丁波也分别致辞。

叶谢纳利耶夫主任和朱玛塔耶夫院长在致辞中充分肯定了中国学者对自古至今中吉友好关系研究取得的新成果。他们指出：吉尔吉斯历史记载湮埋在中文史籍中，把中文史籍中的记载发掘出来，对两国的历史研究都具有重要意义。他们感谢余太山将中文史籍中关于吉尔吉斯历史的记载提前了，认为这不仅是历史新闻，而且是时代的创新。

王京清副院长在致辞中指出，中吉两国人民友谊源远流长，人文历史相互交融，丝路经贸传统悠久。中国社会科学院一直关注中国与周边国家的历史与现状，将努力与包括吉尔吉斯斯坦在内的各国同行一同为实现"一带一路"沿线各国的相互理解、共同繁荣、人文发展做出自己的贡献。他肯定了古代史研究所"中文史籍中有关吉尔吉斯（柯尔克孜）历史文献整理与研究"取得的阶段性成果，指出："中文史籍中有关吉尔吉斯（柯尔克孜）历史文献整理与研究"工作，正是在尊重中吉两国各自历史文明的基础上，着重从实证角度探寻两国人民以古代丝绸之路为纽带的共同交流与发展，证实两国构建命运共同体的历史渊源。相信在中吉两国元首的关怀下，在两国人民的大力支持下，该项目最终一定能够推出精品，成为两国当代历史人文交流、相互理解的文化结晶，并承担起教育国民，推进两国命运共同体建设的重要功能。

卜宪群所长热烈祝贺本次研讨会的召开，他在介绍《欧亚学刊·吉尔吉斯（柯尔克孜）历史文化研究专号》的同时，简要回顾古代史研究所中亚历史研究的发展传承、内陆欧亚学科体系的创建，指出："中国社会科学院古代史研究所早在40年前，就已经建立了专门的中亚历史研究团队，其中以孙毓棠、马雍为代表的第一代学者，曾代表中国学者参加联合国教科文组织《中亚文明史》的编写工作，并创办了中国第一份专门研究中亚的学术刊物《中亚研究》，集中了当时国内中亚研究的中坚力量。古代史研究所的中亚研究历经几代学人，传承至今，就是我们今天见到的《欧亚学刊》的主创团队。这一团队的主要学者，隶属古代史研究所的古代中外关系史研究室。多年来，他们继承了古代史研究所老一辈学人对古代典籍扎实的研究功底，不仅对中国历史文献中的周边国家与民族记载有着独到的研究，还能够熟练运用多种语言的历史文献探索古代中国与周边国家和民族的关系，在传承基础上进行创新，创建了以'丝绸之路'为依托的古代内陆欧亚学科体系。凝结着这支团队汗水与智慧的《欧亚学刊》创刊于1999年，至今已满20周年。今天'吉尔吉斯（柯尔克孜）历史文化研究专号'的发布与研讨正是对《欧亚学刊》20周岁最好的纪念与鼓励！"他感谢古代史研究所这支团队无私奉献与敬业的精神，认为其专业研究令20周岁的《欧亚学刊》大放异彩，这次与吉尔吉斯斯坦同仁协作研究、出版刊物，是《欧亚学刊》主创团队学术生涯的重要篇章，开启了古代史研究所"一带一路"人文合作交流的新起点。

阿桑卡诺夫所长认为中吉两国学者合作研究吉尔吉斯历史有广阔的前景。他指出，中国学者关于吉尔吉斯历史的最新发现，令人振奋，这说明中文史料中关于吉尔吉斯人的记载非常多，而这些信息吉国学者很少掌握，他期待中国学者的继续发掘。

《欧亚学刊·吉尔吉斯（柯尔克孜）历史文化研究专号》由商务印书馆文津公司出版，丁波总编辑介绍了商务印书馆文津公司与中国社会科学院古代史研究所合作出版《欧亚学刊》《欧亚译丛》《丝瓷之路：古代中外关系研究》等三种集刊，及"欧亚备要""汉译丝瓷之路历史文化研究""丝瓷之路博览"和Monograph Series on Eurasian Cultural and Historical Studies 四种丛书的情况，并向吉方赠送了余太山在该社出版的古代中亚史研究著作 10 种。

研讨会分上、下两场，卜宪群与阿桑卡诺夫所长一同主持了上半场会议。齐奥罗耶夫会长首先做了"吉尔吉斯斯坦民族和国家历史的早期阶段"的发言，展示了吉尔吉斯古代历史的发展阶段。余太山提交的论文题目是《坚昆地望考——兼说鄇韩即坚昆》，由李艳玲代为宣读。余太山的文章指出坚昆可与《穆天子传》中的"鄇韩"堪同，从而将坚昆见于史籍的时间提前了几个世纪。这一观点在吉尔吉斯引起极大反响。接着，两名吉尔吉斯考古学家塔什瓦耶夫（Kadicha Tashbaev）、阿曼瓦耶夫（Bakyt Amanbaev）分别对萨依玛鲁塔什（Saimaly-Tash）岩画遗址中的早期游牧民族记忆及费尔干纳—联合国教科文组织系列提名"丝绸之路纪念碑"锡尔河谷的吉尔吉斯斯坦部分进行了深入分析；我就唐朝与黠戛斯的绢马贸易问题发言，涉及黠戛斯与唐朝贸易关系的变化、贸易形式，以及回纥对双方贸易的影响等；吉国霍加别科夫（Muratbek Kojobekov）论述了古代吉尔吉斯人的问题；贾衣肯以中国唐宋史料（约 7 世纪至 11 世纪）为中心，探讨了黠戛斯汗国与唐朝的交往；吉国塔巴勒迪耶夫（Kubat Tabaldiev）通过考古发现，展示了古代天山和阿尔泰之间的联系。

会议下半场由我与齐奥罗耶夫会长共同主持。朱萧静用英文讲述了她对回鹘阻隔黠戛斯与唐朝交往问题的看法；孙昊则论述 10 世纪契丹西征及其与辖戛斯人的交通；俄罗斯学者柳芭·维度托娃（ЛЮБОВЬ МИХАЙЛОВНА ВЕДУТОВА）介绍了阿贝希姆考古遗址中建筑成就；青格力在整理《蒙古秘史》第239节相关内容基础上，分析蒙古征服乞儿吉思等北方森林百姓的历史过程以及相关历史地理问题；李艳玲综述了中国学者对清代布鲁特的研究情况；陈柱在前人研究的基础上，着重挖掘和利用满文文献的记载，对18世纪前中期布鲁特的社会政治面貌进行考察；吉国考恩考法耶夫（Kadyra-ly konkofaev）探讨了叶尼塞铭文中的黠戛斯；李花子讲述了韩国有关吉尔吉斯历史文化的研究动态；吉国考依契耶夫（Arslan Koichiev）则研究了波斯史籍中对吉尔吉斯在蒙兀儿的记载。发言结束后，中吉两国学者就相关问题进行了讨论。

这次会议，是中吉两国学者第一次合作举办的历史学会议。会上，吉方学者多次强调了在研究吉尔吉斯历史问题上将本国考古发掘研究与中国史书记载相结合进行研究的重要性，以及两国学者在这一领域开展合作研究的必要性。这次会议的成功举办，展示了双方的合作成果，也是双方合作开始的标志。

会后，中吉两国学者联合考察了吉国古遗址和文化遗迹。6月11日，在齐奥罗耶夫会长的陪同下，我们前往楚河流域的科拉斯纳亚·瑞希卡（新城）（Krasnaya Rechka）、碎叶（Suyab）和布拉纳（Burana）古城三处遗址进行调研，12日，在喀喇考勒（Karakol）的塔姆嘎（Tamga）村，考察了17世纪卫拉特人镌刻的藏文题记。6月13日至14日，代表团在乔尔蓬·阿塔博物馆（Cholpon Ata Museum）、岩刻博物馆（Petrogliphs Museum，当地又称此处为 Saymarutash）、琼萨莱欧依（Chong-Sary-Oy）游牧文明中心博物馆（Nomad Civilization Center）进行调研，并考察了奥恩奥克（Orn'ok）的岩画及库姆多波（Kum Dobo）地区的墓葬。15日，在莫力多卡斯莫夫会长的陪同下，我们乘飞机前往吉尔吉斯南部的奥什（Osh）州，调研了乌兹根（Uzgen）遗址、四湖地区的古城遗址、苏莱曼山博物馆、阿拉万（Aravan）地区天马岩画、苏莱曼山历史博物馆，搜集了古丝绸之路文献与文物考古资料。玛纳斯大学历史系博士研究生卡纳（Kanatbek Abduzhapar）一直和我们一起调研，之后他考取了中国社会科学院大学历史系硕士生，导师为贾衣肯。卡纳成为古代史研究所与穆拉斯基金会合作协议之后的第一个双方联合培养学生。17日，我们返回比什凯克，并去卡纳所在的玛纳斯大学与历史系师生座谈。

18日，热恩别科夫在总统府"白宫"约见我和青格力、李花子、贾衣肯、丁波、孙昊等六人。热恩别科夫总统首先对中国的吉尔吉斯历史文化研究团队表示真挚感谢，他说他对《欧亚学刊·吉尔吉斯（柯尔克孜）历史文化研究专号》的出版非常满意，一再感谢中国学者对中国史籍中吉尔吉斯历史进行的深入研究。

热恩别科夫总统还向我们介绍了他与习近平主席讨论吉尔吉斯历史及其研究成果的具体情况。他说："前不久，习近平主席参加上海合作组织会议，我与他在这里会晤。我亲手把这本书送给习近平主席，并介绍了中国社会科学院学者的研究成果。习近平主席表示对吉尔吉斯历史文化研究给予支持。"

最后，热恩别科夫总统欢迎中国学者再次来吉尔吉斯调研。他说："非常高兴见到您的团队在短时间拿出了重要成果，将吉尔吉斯历史向前推进，吉国学者也深受鼓舞。这是你们的劳动成果，我们非常感谢！我责成'穆拉斯'基金会继续负责与你们合作，以后有什么需要都可以与基金会联系。期待以后有更多机会见面。任何时候都欢迎你们来到吉尔吉斯斯坦。中国是一个伟大、美丽的国家，吉尔吉斯斯坦也有很多美丽的地方，我们在任何时候，都欢迎尊贵的客人来到我们家里。吉尔吉斯一直都是中国的朋友，相信双方在历史文化领域的合作，会更加推进双方的友谊。"

会后，我向热恩别科夫总统赠送了《欧亚学刊·吉尔吉斯（柯尔克孜）历史文化研究专号》，总统也回赠了象征性礼物。我们的这次吉国之行也画上了圆满的句号。

举办"中国与吉尔吉斯斯坦：古丝绸之路开启的友好关系"研讨会暨"中文史籍中有关吉尔吉斯（柯尔克孜）历史文献整理与研究"成果发布会，参加调研活动，对于中国学者了解吉尔吉斯历史文化、推动双方在历史研究和文化交流等领域的合作、践行习近平主席关于加强"一带一路"文化建设的号召有着积极的意义。通过参加研讨会和进行吉尔吉斯历史文化遗迹调研，我们不仅对吉尔吉斯历史文化传统有了深入的了解，也与吉尔吉斯斯坦学者建立了深厚的友谊。这些经历也成为我们今后研究的基础。

中国与吉尔吉斯斯坦的合作也是我国人文历史研究参与中亚国家民族历史文化建设的一次探索。这次探索证明，我国人文历史学界对古代典籍里中亚民族历史文化信息科学、严谨的研究，能够促使中亚国家历史文化认知的转变，培育该国对古代中国影响的重视，增进双方的文化互信，强化双方对于历史命运共同体的认同。

四、《欧亚学刊·吉尔吉斯（柯尔克孜）历史文化研究专号》吉尔吉斯文版

在"中国与吉尔吉斯斯坦：古丝绸之路开启的友好关系"研讨会暨"中文史籍中有关吉尔吉斯（柯尔克孜）历史文献整理与研究"成果发布会议期间，莫力多卡斯莫夫会长提出了将《欧亚学刊·吉尔吉斯（柯尔克孜）历史文化研究专号》译成吉尔吉斯文的希望，并多次与我们商谈翻译的具体问题。

7月13日，吉尔吉斯共和国驻华大使卡娜依姆·古特巴洛娃于北京吉尔吉斯驻华大使馆，约见了我、青格力、贾衣肯、孙昊、李艳玲和博士后曹金成等六人。双方围绕"中文史籍中有关吉尔吉斯（柯尔克孜）历史文献整理与研究"课题进展情况及《欧亚学刊》翻译事宜进行了交流。会谈进行了约1个小时，吉尔吉斯共和国驻华大使馆副领事山察·迪坎诺夫（Sanzhar Dyikanov）也参加了会谈。

卡娜依姆·古特巴洛娃大使说热恩别科夫总统已经责成吉国驻华使馆与中国课题组主动联系，为课题组以后的研究工作提供支持。她希望了解课题组今后的工作计划，以便提供帮助。

我着重介绍《欧亚学刊·吉尔吉斯（柯尔克孜）历史文

化研究专号》的吉尔吉斯文版的翻译问题。莫力多卡斯莫夫会长与中方为将此书翻译成吉尔吉斯文，做了很多努力，商务印书馆文津公司已原则上同意授权翻译。但由于此书所引史料较多，古汉语对译者来说比较困难，中方联系的译者多为柯尔克孜族，柯尔克孜语与吉尔吉斯语在一些术语表达上有所不同，希望吉国学者帮助审稿，可能有时还需要他们协助翻译，争取此书吉文本早日问世。

卡娜依姆·古特巴洛娃大使认为翻译此书意义重大。她感谢课题组成员的努力和付出的辛勤劳动，并表示愿意为课题组的研究、翻译、与吉国学者联系和去吉国调研提供力所能及的支持和帮助。她也感谢丁波对《欧亚学刊·吉尔吉斯（柯尔克孜）历史文化研究专号》印刷出版的支持并感谢商务印书馆的授权。山察·迪坎诺夫副领事也称赞了课题组成员对吉尔吉斯历史的研究，他也愿意在今后课题组成员再去吉尔吉斯斯坦调研时提供支持和帮助。

12月24日，莫力多卡斯莫夫会长应商务印书馆邀请来到北京，签订授权合约。24日，他刚下飞机，就在丁波的陪同下来到中国历史研究院，与中方课题组成员会谈，了解课题的最新进展。29日，在有着悠久历史和辉煌业绩的首屈一指的中国出版社——商务印书馆，我见证了《欧亚学刊·吉尔吉斯（柯尔克孜）历史文化研究专号》吉尔吉斯文版权授权签约仪式。商务印书馆总经理于殿利和莫力多卡斯莫夫签定授权合约，卡娜依姆·古特巴洛娃大使、贾衣肯及商务印书馆丁波、王希、程景楠、李淼等编辑参加了授权仪式。

与此同时，我们申请的"古代吉尔吉斯（柯尔克孜）历史文化研究"课题，也获中国历史研究院立项。为了便于搜集我国新疆地区资料，此课题组成员还增加了新疆社会科学院文化所所长艾力·吾甫尔研究员和新疆大学历史系程秀金副教授。《欧亚学刊·吉尔吉斯（柯尔克孜）历史文化研究专号》的吉尔吉斯文翻译，也是本课题结项成果之外的一项重要任务。

贾衣肯长期致力于吉尔吉斯历史文化研究，她负责整理笺注隋唐五代时期中文史籍中的黠戛斯资料，并用吉尔吉斯语发表多篇论文。因其语言优势，《欧亚学刊：吉尔吉斯（柯尔克孜）历史文化研究专号》吉尔吉斯文翻译事宜由贾衣肯总负责。为推动翻译工作，贾衣肯与商务印书馆联合申请了国家社科基金中华学术外译项目。2021年1月，《欧亚学刊·吉尔吉斯（柯尔克孜）历史文化研究专号》吉尔吉斯文版获得立项。参加这一翻译课题的还有新疆克州非物质文化遗产保护（玛纳斯保护研究）中心主任扎衣尔·居马西，西北师范大学国际文化交流学院讲师才甫丁·依沙克博士，中国社会科学院民族文学研究所助理研究员、中央民族大学少数民族语言文学学院在读博士研究生巴合多来提·木那孜力，中国社会科学院民族文学研究所博士后达吾提·阿不都巴热，以及吉尔吉斯斯坦玛纳斯大学历史系博士研究生、中国社会科学院大学历史系硕士研究生卡纳。

2022年5月12日，贾衣肯主持的2021年国家社科基金中华学术外译项目《欧亚学刊·吉尔吉斯（柯尔克孜）历史文化研究专号》开题答辩会在网上举行，齐奥罗耶夫会长、莫力多卡斯莫夫会长、土耳其伊兹密尔州立大学教授兼德国约翰葛格腾伯格大学教授日俟别克·阿里莫夫（Rysbek Ali-mov）及青格力、新疆维吾尔自治区文联民间文艺家协会《玛纳斯》研究室主任依斯哈别克·别先别克研究员和我参加了这次开题会议。

与会专家高度评价了《欧亚学刊·吉尔吉斯（柯尔克孜）历史文化研究专号》翻译成吉尔吉斯文的学术价值，和对增进中国与共建"一带一路"国家吉尔吉斯斯坦的学术文化交流的重要意义，肯定了项目团队的翻译和编辑组织方案、翻译团队语言能力及已译部分的学术水平，并对翻译细节提出了意见，要求统一人名、地名等专业术语，增加一些注释、标音和索引等。吉尔吉斯文本将于2025年由吉尔吉斯斯坦实力雄厚的出版社——图拉尔（Turar）出版。

在网上见到齐奥罗耶夫会长、莫力多卡斯莫夫会长，大家都很激动。齐奥罗耶夫会长介绍了他研究吉尔吉斯历史并宣传余太山"鄁韩"说的努力，莫力多卡斯莫夫会长则规划《欧亚学刊》吉尔吉斯文本的宣传推广，他计划将手段和形式多样化，注重传统媒介和网媒结合进行。他还告诉我们，他已经和萨德尔·扎帕罗夫总统汇报了与我们的合作，并得到了扎帕罗夫总统的支持。

当手捧仿佛带着中吉两国学者研究热情的崭新的《欧亚学刊·吉尔吉斯（柯尔克孜）历史文化研究专号》，参加这部书的授权签约仪式、主持这部书吉尔吉斯文版开题答辩会的时候，我的心里充满深深的感激。

《欧亚学刊·吉尔吉斯（柯尔克孜）历史文化研究专号》的出版，是中、吉两国元首关心支持的结果。习近平主席非常重视历史研究的镜鉴作用。他从历史经验中总结出"丝路精神"的核心内涵是"和平合作、开放包容、互学互鉴、互利共赢"。在北京亚洲文明对话大会上，习近平主席指出，"文明因多样而交流，因交流而互鉴，因互鉴而发展"，并从共建亚洲命运共同体、人类命运共同体的高度审视历史文明的发展方向。习近平主席在多个场合的重要论断，都为课题组研究人员在推进项目研究上指出了明确的理论方向。热恩别科夫总统十分关注吉尔吉斯历史与文化的研究与民族历史的撰写工作，他连续三次约见中国学者交流课题的进展情况，令人感动。中国社会科学院国际合作局和中国社会科学院历史研究院、古代史研究所的支持是本课题取得成果的重要保证。

吉尔吉斯穆拉斯基金会，尤其是莫力多卡斯莫夫会长为双方合作做出了重大贡献。从最初双方合作的确定，到课题的逐步开展，莫力多卡斯莫夫会长一直身体力行，事必躬亲，多方面沟通、协作，提供帮助，《欧亚学刊·吉尔吉斯（柯尔克孜）历史文化研究专号》中的吉国学者文章，也是莫力多卡斯莫夫会长约稿和组织的。《欧亚学刊·吉尔吉斯（柯尔克孜）历史文化研究专号》是中国社会科学院古代史研究所与吉尔吉斯穆拉斯基金会合作的结果，莫力多卡斯莫夫会长的一步步推进起了至关重要的作用。

《欧亚学刊·吉尔吉斯（柯尔克孜）历史文化研究专号》是中、吉两国学者共同努力的结果，中、吉两国学者的辛勤研究，是这一合作取得成果的基础。我感谢课题组的每一位成员的辛勤耕耘和无私奉献。最初在没有申请到课题经费的情况下，他们不计得失，毅然决然地从事这项艰难的研究，在浩如烟海的中文、蒙古文资料中，钩沉索引，潜心爬梳吉尔吉斯历史的蛛丝马迹，在不到一年的时间，笺注考释，汇聚成这本论文集。余太山在古稀之年焚膏继晷，勤奋治学，以深厚的学术积累和功力，推进研究进展；贾衣肯在研究黠戛斯历史的同时，积极奔走，促成我们与穆拉斯基金会和吉国学者的一次次合作。而此书能够以最快的速度印刷出版，离不开商务印书馆文津公司的努力，尤其是总编辑丁波，编辑程景楠、李淼等和中国社会科学院古代史研究所孙昊、曹金成等，他们夜以继日地辛勤编辑、排版、校订，保证了这部著作在2019年6月10日会议之前的印刷出版。

热恩别科夫总统多次表示，吉尔吉斯斯坦将为双方合作提供全面的支持。2019年中国学者赴吉尔吉斯斯坦调研，吉国上下提供了全方位的支持和帮助，尤其是穆拉斯基金会、吉尔吉斯斯坦历史学会、吉尔吉斯斯坦驻华大使馆的帮助，更是雪中送炭。穆拉斯基金会帮助安排日程及具体细节，吉尔吉斯斯坦历史学会会长陪同调研，详细介绍吉国遗址、文物，并多次与中国学者讨论相关研究，吉尔吉斯斯坦驻华大使馆在短时间内为课题组成员颁发签证，保证了中方学者顺利成行。这些都令我们铭记和深为感谢。

在吉尔吉斯斯坦，我们感触最深的是吉国从总统到民众，对本民族、国家历史文化的重视。2019年我们在吉国参会调研11天，所到之处，不论与吉国官员、学者，还是普通牧民在一起，我们听到最多的是他们对我们的感谢。其实，研究历史是我们的责任。在研究吉尔吉斯历史文化中，我们所做的，是我们应该做的，但我们所得到的，远远超过我们的付出。真正应该说感谢的，是我们。

吉尔吉斯斯坦与中国作为古代丝绸之路上的重要伙伴，双方共呼吸、共命运的关系一直发展至今，并将由后人继承下去。研究中国古代多语种历史文献中关于吉尔吉斯人的历史记载，撰写系统的吉尔吉斯历史，揭示古代中国对中亚地区的历史影响，阐释吉尔吉斯斯坦与中国紧密的历史关系，有助于突破泛突厥主义与俄国泛欧亚主义的历史话语，影响中亚国家历史叙述的走向，实现中国与共建"一带一路"国家的人文理解。这是新时代赋予历史研究者的重任。

"中文、蒙古文等史籍中有关吉尔吉斯（柯尔克孜）历史文献整理与研究"、"古代吉尔吉斯（柯尔克孜）历史文化研究"课题，正是在尊重中、吉两国各自历史文明的基础上，着重从实证角度探寻两国人民以古代丝绸之路为纽带实现的共同交流、发展，证实两国构建命运共同体的历史大势。相信在中、吉两国元首的关怀、指导下，在两国人民的大力支持下，在中国社会科学院古代史研究所、吉尔吉斯斯坦穆拉斯基金会合作协议的框架下，在两国学者的共同努力下，一定会将吉尔吉斯历史文化研究推向深入。

王永兴先生事略

　　王永兴，1914年6月16日生于辽宁省昌图县前靠河屯，原名王中九。祖籍山东省莱州府掖县，因旱灾北走关东，举家在艰苦条件下辛勤创业，建立了新的家园——宝勤堂。他自幼参加劳动，养成了勤俭创业、艰苦奋斗、自强不息的性格。

　　幼年在离靠河屯二十里的嘎辖镇读高小，后考入昌图中学，成绩优异。1931年9月初，升入沈阳东北大学附属中学高中班一年级（理科）。读书仅十余日，九一八事变爆发，日本侵略军占领沈阳。他不甘做亡国奴，流亡至北京。举目无亲，无以为生，过着讨吃要饭的乞丐生活。后在大伯父的资助下，积极补习功课，用四平街交通中学毕业的王永兴的文凭，考入清华大学文学系，至此更名为王永兴。

　　初入清华，他勤苦攻读，文思泉涌，以"黄刊"的笔名，在《清华周刊》和《清华副刊》上发表《夜半》《春水——家之一》《矮人观场》《第四条道路》等诗文，也阅读哲学、经济学著作。但清华宁静舒适的生活，并未使他忘记故园沦陷之痛。

　　1935年末，日本帝国主义不断地向华北进攻，偌大的北平已安不下一张平静的书桌。王永兴毅然参加了"一二·九"学生运动，在接下来的"一二一六"游行中被捕，坚贞不屈。几天后经学校师生声援出狱，又参加平津学生南下扩大宣传团，加入了中华民族解放先锋队。1936年春，他加入了中国共产党，当选为清华学生救国会委员，成为学生运动领袖，主持了"六一三"示威游行。他代表清华学生救国会参加在燕京大学召开的北平学联第一届成立大会，被选为北平学联执行委员，负责统战工作。为拓展统一战线，他日夜奔走，广泛联系学校及社会同情学运人士，力矫运动中的极"左"之风，并参与编辑了《学生与国家》。因强调统一战线，反对学生运动中的过激行为与民先队领导产生分歧。1937年初，肺结核病发，休学治疗，脱离了学生运动，并脱党。在病中他还撰写《北方青年的回响》，发表于《国闻周报》。

七七事变后，清华大学南迁，他扶病辗转来到长沙临时大学继续学业。肺结核在当时是不治之症，病友相继去世，让他常感到时日无多；加之烽火连天，国土日益沦丧，报国无门，他更觉苦闷。1937年11月，在长沙圣经学院，他第一次听到陈寅恪先生授课，如醍醐灌顶，找到了一生要走的路。于是从中文系转入历史系，开始师从寅恪先生。

在陈寅恪先生指导下，王永兴开始系统学习魏晋南北朝史、隋唐史。他仔细研读了相关史籍，完成了学位论文《唐代后期黄头军考》。1940年，他考入北京大学文科研究所史学部，在昆明东北郊的龙头村，终日苦读。后因寅恪先生滞港未归，由郑天挺、向达先生任导师。他撰写《论唐代朔方军》一文，阐扬寅恪先生"种族文化"学说，指出朔方军之

王永兴于云南昆明北京大学文科研究所，1940年

所以强大，因其主力乃胡族之部落兵也。之后，又撰写了《中晚唐的牙兵》。

1943年，被西南联大聘为历史系教员，讲授隋唐史。后返回北平，1946年任北京大学文科研究所研究助教。10月末，陈寅恪先生返回清华任教，双目失明。王永兴助其教学工作，回到清华大学历史系。他一方面协助寅恪先生备课、上课，一方面研读唐史，直到1948年12月寅恪先生离开北平。侍读在寅恪先生之侧，是他一生难得的平静幸福时光。他也在这一时期开始了自己的唐代经济研究，撰写了《中晚唐的估法和钱币问题》一文，用较多史料阐述了以虚估实估为特征的估法问题。

1949年，他继续任教于清华大学，讲授中国通史。11月，被安排讲授联共党史，同时担任政治经济学课辅导员。1950年，被派去担负清华职工业余学校部分教学、行政工作。1951年3月，受清华大学委派，离开历史系教学岗位，负责清华附设工农速成中学筹备工作，任副校长。他为筹建清华工农速成中学兢兢业业、忘我工作，在杂草丛生的荒地中建立了校舍，并制订办校章程和方针，聘请教师，建立工作、会议制度等。

1954年初，王永兴被调到人民教育出版社，编辑历史教科书，负责编辑高中课本中的中国古代史部分。编写之暇，则去北京图书馆阅读敦煌文书，重新拾起已放下五六年的历史研究。他参加编辑了《高级中学课本　中国历史》第二册、《初级中学课本　中国历史教学参考书》、《高级中学课本　中国历史教学参考书》，同时研读唐代法律，并逐一阅读北京图书馆所藏敦煌文书缩微胶卷，开始敦煌学研究。1957年，他发表第一篇关于敦煌学的文章——《敦煌唐代差科簿考释》。该文考出P.3559、P.2657、P.3018、P.2083四个历来被视为"丁籍簿""名籍"的文书，实为唐天宝十载（751）敦煌县诸乡征发徭役而编制的"差科簿"，这是唐代徭役制施行的一份宝贵遗存。此文一经刊出，即受到国际学术界的高度评价，不但为中国赢得了荣誉，而且在此后几十年成为敦煌学研究的必读之作，影响了几代学人，也推进了中国经济史的研究。

　　1958年初，王永兴被安排在位于太原南郊黄陵村的山西教育学院。在饥寒苦厄之中，他仍坚持读书，继续唐代法律研究，并细读《资治通鉴》，详考黄巢军侵入岭南的路线，发表了《〈唐律〉所载"同居有罪相为隐"一语如何理解？》《试谈黄巢军侵入岭南的路线》《论魏徵》等文。1963年冬，被中华书局借调参加校点"二十四史"工作。他暂时埋首古籍，安心校点《魏书》，对魏晋南北朝时期的重大问题有了更深刻的理解。

　　1972年秋，他被派到交城中学，教历史、语文、数学等课。课余开始研读《敦煌资料》，用了数不尽的日夜整理了这本书所刊载的斯0613V文书（"邓延天富等户残卷"），即现在标题为"西魏大统十三年计帐户籍"的文书。他复原16个断片的原本顺序，基本上恢复文书原貌，初步解决了文书内容中均田制和租调制等问题。1974年回到山西教育学院，他利用有限的资料，恢复了读书研究生活，连续撰写《释充夫式》《中晚唐的赋税》等考证文章，并编写《隋末农民战争史料汇编》，校注《册府元龟·邦计部》，同时继续研读敦煌吐鲁番文书。他完成了近10万字的《册府元龟邦计部校注举例》（以下简称"《册府》"），校注内容包括先条列相关史料，之后从史实、文字、意义三个方面研究《册府》每条史料和与它直接有关的史料，实际上是对《册府》经济资料的系统整理。为了给隋唐五代史和隋唐五代经济史的研究者提供便于使用的资料，他还着手编撰《隋唐五代经济史料汇编校注》，全书拟包括七个部分：阶级和阶级关系、土地所有制、农业生产、手工业生产、交通运输、商业、财政。

1978年11月，王永兴调入北京大学历史系。在当时中国"科学的春天"带着激情和温暖扑面而来的同时，他也迎来

王永兴于北京大学蔚秀园寓所，1995年

了个人学术生命中的第二个春天。

重返北大后，王永兴以满腔的热情，投入教学之中。他每学年坚持讲授两门课，一是隋唐史，包括唐代经济史、唐代政治史、唐代制度史，以及隋唐史专题、专书等课程；一是敦煌吐鲁番文书研究。在十几年中，他为本科生和研究生连续开设敦煌吐鲁番文书研究课18个学期，连续21个学期开设隋唐史专题课，直到1991年，77岁高龄的他仍时为本科生和研究生讲授隋唐史课。他还在北京师范学院（首都师范大学的前身）历史系讲授隋唐五代经济史专题课数年，为中国人民大学历史系本科生开唐史专题课一年，并多次为上海师院历史系和古籍所的青年教师与研究生等授课。

王永兴用"人以十之，我以百之"的精力，认真备课，一丝不苟。他用了几乎全部时间授课和培养学生。他开设隋唐史专题课，不但讲授详尽深透，旁征博引，务求其详其实，而且要求学生读《资治通鉴》《唐六典》《通典》等史籍并写笔记。在课堂以外，他定期到学生宿舍去检视选课学生读书情况，对每一个学生，都进行个别辅导，耳提面命，诲人不倦。他教授敦煌吐鲁番文书研究课的方法更为独特。他认为，设置这门课的目的是为我国培养训练独立研究敦煌学的学者，因此他把教学的重点放在培养训练学生独立研究敦煌文书的能力上，以学生实习为主，讲授为辅。他先整理研究一份篇幅较长、内容较多的敦煌吐鲁番文书，写成文章，向学生讲述从录文、识字、分句、分段、解释名词，考证文书的时间性、空间性以及文书的性质，到最后写成论文的全过程，为学生示范如何从读懂文书到以文书为主参以其他史料进行研究并解决问题。之后，带领学生进入整理研究文书实习阶段。他选用百行以下或百行左右敦煌吐鲁番文书多件，发给每一学生一篇，一一指导学生录文，详细指定不同的必读书和参考书，认真批改学生整理研究文书的初稿和定稿。每个学生的作业，都要至少批改六次。他鼓励学生以创新精神，多次读书，通解全文，为文书正确定名，并将新材料与史籍文献结合，提出并解决新问题。通过这种严格的训练，王永兴言传身教，循循善诱，培养出一大批高水平的研究人才，桃李遍天下。薪尽火传，现在他的学生大多成为高校及科研机构的骨干。

为了改变中国敦煌学落后的局面，王永兴付出了一生的努力。他不但以顽强的毅力，不屈不挠地坚持敦煌学研究，花大力气培养人才；而且奔走呼号，催生了"中国敦煌吐鲁番学会"，并为学会筹措了数百万活动经费，直接促成"中国敦煌吐鲁番学会成立大会"的召开。他以开风气之先的创新精神，创办并主编了独具特色的敦煌学刊物。在出版困难的情况下，他锲而不舍，克服种种难以想象的困难，协调解决经费、排版、印刷、装订等诸多难题，出版了五大册《敦煌吐鲁番文献研究论集》，这成为中国敦煌学研究的里程碑。他还为北京图书馆敦煌资料中心讲授"敦煌学"课一年，又远赴兰州、徐州等地讲授敦煌学研究方法，呕心沥血地策划"敦煌丛书"，并编辑了《敦煌吐鲁番学研究论文集》，极大地推进了中国的敦煌学研究。

王永兴积极筹划和参与历史学科的建设，为历史学的繁荣发展，不遗余力。1981年，他不顾年迈体弱，多方奔走协调，创建专门的学术研究机构——北京大学中国中古史研究中心，为北大史学发展赢得了空前的发展机遇。他还筹建了"敦煌吐鲁番文献研究室"，亲自购置图书，筹集资料，复制敦煌文书的胶卷，翻拍照片，积累了大量资料，也培养出了一批优秀人才。

王永兴锲而不舍，钩沉索引，潜心研究，老而弥笃。在目衰手颤、书写不便的情况下，88岁高龄的他仍苦学电脑，著述不辍。他先后出版了《隋末农民战争史料汇编》《隋唐五代经济史料汇编校注》《唐勾检制研究》《陈门问学丛稿》《唐代前期西北军事研究》《敦煌经济文书导论》《陈寅恪先生史学述略稿》《王永兴学述》《唐代前期军事史略论稿》《唐代后期军事史略论稿》等10部著作，撰写了大量笔记、未刊书稿。目前，除《王永兴说隋唐》和《唐代经营西北研究》已被整理出版外，一些未刊稿仍在陆续整理出版中。

除了敦煌学和唐史研究，王永兴的学术的另一个重要方面是义宁之学。

王永兴时刻以陈寅恪先生为楷模，治学做人，一丝不苟；几十年里，不管风云如何变幻，他的坚守历劫不改，始终如一。为纪念陈寅恪先生，他参加编辑《纪念陈寅恪先生诞辰百年学术论文集》（北京大学出版社，1989年），整理寅恪先生读书札记，倡议和组织清华大学举办"纪念陈寅恪先生百年诞辰学术讨论会"（1990年），并主编《纪念陈寅恪先生百年诞辰学术论文集》（江西教育出版社，1994年）。

他将弘扬的"义宁之学"视为自己一生的事业，探寻陈寅恪史学体系，孜孜不倦地阐述陈寅恪治学之道。他认为，长期以来，有关陈寅恪生平专著不少，但对其史学尚乏系统论述，且对其史学渊源、史学思想等多有误解之处。他撰著《陈寅恪先生史学述略稿》，通过对寅恪先生所有论文专著的分析研究，指出陈寅恪继承发展了宋代史学，从而理清了我国古代至近现代史学的发展脉络。他还分析了陈寅恪以"求真实、供鉴诚"，"独立精神、自由思想"为核心的史学思想，阐明了其"一方面吸收输入外来学说，一方面不忘本来民族之地位"的思想对中外文化交流的指导意义，研究了其继承宋代"长编考异"的治史方法，探讨了陈寅恪史学的本质特征。

王永兴之所以会选择走义宁治学的路，是寅恪先生的独立精神、自由思想，成为他的精神支柱。寅恪先生最后所皈依的是中华民族的文化。王永兴也跟随寅恪先生，以民族文化为皈依。于是求仁得仁，他满怀虔诚地读陈寅恪的书，听陈寅恪的话，行陈寅恪的道，以寅恪先生的思想和方法读书治学，成为"义宁之学"的弘扬者。

王永兴是一个具有开拓性和勇于实践、勇于创新的人，在他个人的研究和言传身教中都体现了独立精神。在学问方面，他从不囿于前人成说和为教条左右。20世纪50年代中，他并没有陷入那个时代"五朵金花"的框框，而是从攻读敦煌卷子开始，打开了经济史研究的思路，并因此最早与国际接轨。他在命运给他的最后三十年中不畏艰难，从头做起，最终证明了自己的生命价值。他的研究虽细微却关乎大局，他关于唐代经济史、制度史和后来关于军事史的论述其实都蕴含对大问题、大方向的追求，且都不是简单地重复陈寅恪，而是同样体现着人文关怀，是具有一定规模系统和独特风格、历经严密思考与实践的一家独创。他将敦煌文书结合制度史的研究，对于中国的唐史和敦煌学学者而言开创了一种最具实用性的研究方法，为中国学者赶上和超过世界敦煌学研究的步伐作出了卓越的努力。他的读书与实践结合的教学方式不但教育了一代学者，至今也仍被使用和证明为最成功的教学方式。

正如《王永兴先生纪念文集》编委会在《通向义宁之学》"后记"中所指出的，在国家民族文化遭受重创之际，王永兴这一代学者，"当仁不让地擎起承天之柱，承担了使学术迁延不堕和衔接新旧的重任与使命。作为学术殿堂中的补天者，作为陈门弟子和义宁之学的传人，王先生不畏艰难，筚路蓝缕，将被证明是最传统而淳正的治学之道训示后学，也将独立精神、自由思想的学术真谛发扬光大。'种花留与后来人'，今天的学术繁荣及走向世界的辉煌成就便是王先生和他的同辈学人创造历史的延续和见证"。

2008年9月15日，王永兴平静去世。95岁也是高龄了，但他一生坎坷，最后64岁来到北大，留给他真正做学问的时间并不多。在他去世的前一天夜里，他紧握着《陈寅恪诗集》，坐在椅子上，说："我还想再看一会儿，不想这么早睡觉。"这样强烈的读书愿望，闻之令人百感交集。

（原载《"开皇之治"与"贞观之治"：王永兴说隋唐》，三联出版社，2019年）

《王永兴说隋唐史》编后记

本所宫长为先生邀我为外子编选"王永兴说隋唐史"，作为"名家说历史系列丛书"之一部。受命欣然。根据丛书体例、原则，征询外子意见，于今年3月底编选完毕。

将书稿呈给外子，他说又欣喜，又惭愧。他从陈寅恪先生受教，治隋唐史、敦煌吐鲁番学几十年，百折不回，九死不悔，但遭际坎坷，真正的学术生命，开始于1978年，当时他已64岁。即使他焚膏继晷，只争朝夕，皓首穷经，老而弥笃，毕竟过了研究著述的最佳年龄，更要忍受肉体和精神上的痛苦。肉体病苦，沦肌浃髓；精神伤痛，历久弥新。他奋力挣扎，克服常人难以想象的困难，长期超负荷工作，甚至艰难地学会使用电脑，笔耕不辍，但无力回天，继承义宁之学之愿只能形诸梦寐，待诸来者了。

本书四校样排出时，外子已辞世十天了。物有盛衰，人有生死，然学术宏业，斯文千秋。外子生前对青年后学寄予厚望，念兹在兹。倘此书能为弘扬义宁之学略尽绵薄之力，倘有读者能读书知世，从中窥见外子和他这一辈学人的苦心孤诣，也就告慰了外子在天之灵。

子规啼血，东风不回。抚卷长恸，忍泪校之。

2008年10月17日

（原载《王永兴说隋唐》，上海科技文献出版社，2009年）

《唐代经营西北研究》编后记

外子致力于唐代经营西北研究，始于1989年。当时他完成了《唐勾检制研究》《唐代田制研究》两部书稿，对唐代政治制度史、经济史的研究暂告一段落，于是开始整理、校注敦煌吐鲁番出土军事文书。1990年，他撰著了《敦煌吐鲁番出土唐军事文书校注稿》。此书因故未能付梓，此后发表的《读吐鲁番文书札记二则》《吐鲁番出土唐代天宝四载十一—十二月交河郡财务案残卷考释》《读吐鲁番出土唐代军事文书札记》等文，即为此书稿的部分内容。随着吐谷浑归朝文书的整理，他对文书中记载的墨离军、豆卢军等的探索逐渐深入，加之常常思考李靖兵法及其传人问题，他对唐代前期西北军事等产生了浓厚的兴趣，进而形成了研究唐开元九节度的详细计划。1994年，他完成了河西、北庭、安西四镇、朔方四节度研究，其成果收入同年中国社会科学出版社出版的《唐代前期西北军事研究》一书，时年八十。此后，他继续撰写了关于陇右、河东、幽州三节度的论文。由于幽州已涉及平卢，实际上除剑南外，外子已基本完成其开元九节度研究的计划。1996年后，他的兴趣和热情则转移到撰写《陈寅恪先生史学述略稿》中了。

承余太山先生和兰州大学出版社厚意，将外子关于唐代经营西北的论文重新结集。这次编选，除收录已发表在《唐代前期西北军事研究》一书中的《唐灭高昌及置西州、庭州考论》《论唐代前期河西节度》《论唐代前期北庭节度》《唐代前期安西都护府及四镇研究》《论唐代前期朔方节度》五篇之外，增加了《论唐代前期陇右节度》《论唐代前期河东节度》两篇，《论唐代前期河东节度》一文未发表过。在精选的七篇外，尚有四篇列于附录。

其中《论唐代前期幽州节度》似与经营西北无直接关系，但幽州、平卢节度，构成唐代前期东北军事格局，此东北军事格局与北疆、西北疆军事格局浑然构成一个整体，牵一发动全身，不可截然分割，且本书又列于"欧亚丛书"之中，东北亚显系内陆欧亚的组成部分，因此也收录于此，不独仅为体现外子开元九节度研究之全貌也。

外子探索西北军事，肇始于研读敦煌吐鲁番文书，援敦煌吐鲁番文书入唐史研究，也成为外子治史特点。本书收录了《唐开元十六年北庭年终勾帐稿残卷研究》、节录了《吐鲁番出土"唐西州某县事目"文书研究》中与西北经营密切相关的部分，以示敦煌吐鲁番文书对唐代西北军事研究的重要性。

外子受教于陈寅恪先生，1940年、1943年所撰的本科毕业论文、硕士论文《唐代后期黄头军考》《唐代后期的牙兵》，均由陈寅恪先生指导。不久他又撰写《论朔方军》一文，进一步阐扬寅恪先生"种族文化"学说。此后神州扰攘，外子命运多蹇，学业荒废数十年。至1978年重返北大，始克绍前业，弘扬义宁之学。附录中有关陈寅恪先生黄头军札记疏证、关于收复河湟札记疏证，是外子所撰《〈陈寅恪读书札记——旧唐书新唐书之部〉疏证》的两篇，已刊于《陈寅恪先生史学述略稿》。唐后期的黄头军是前期经营西北的结果，收复河湟为唐后期经营西北的重大事件，寅恪先生尤为关注，外子念兹在兹，多历年所，故而疏证之，发皇心曲。今收录于此，以见外子治学所自。

为省读者翻检之劳，将外子相关著述、论文条列如下：

《论朔方军》，《周叔弢先生六十生日纪念论文集》，1950年

《吐鲁番出土氾德达告身校释》，《敦煌吐鲁番文献研究论集》第2辑，北京大学出版社，1983年

《读吐鲁番文书札记二则》，《中国文化》第4卷，1991年

《吐鲁番出土唐代天宝四载十一—十二月交河郡财务案残卷考释》，《北京大学学报》1991年5期

《读吐鲁番出土唐代军事文书札记》，《纪念李埏教授从事学术活动五十周年史学论文集》，云南大学出版社，1992年

《唐灭高昌及置西州、庭州考论》，《北大史学》2，1994年

《试论唐代前期的河西节度使》，《国学研究》第2卷，1994年

《论唐代前期幽州节度》，《学人》第11辑，1997年

《论唐代前期的陇右节度》，《国学研究》第4卷，1997年

《试论唐太宗对敕勒族的政治军事政策》，《北大史学》6，1999年

《〈新唐书·地理志〉所载敕勒等羁縻州府与民族迁徙》，《陈寅恪先生史学述略稿》，北京大学出版社，1998年

《唐代前期西北军事研究》，中国社会科学出版社，1994年

《王永兴学述》，浙江人民出版社，1999年

《唐代前期军事史略论稿》，昆仑出版社，2003年

《唐代后期军事史略论稿》，北京大学出版社，2006年

京华岁杪，长夜苦寒。灯下检视、整理、打印、编辑外子遗稿，往昔桃李春风、对坐读书、偶有所得、相视一笑的情景，历历在目。生死茫茫，不胜潸然。

2008年12月29日于北京荷斋

（原载《唐代经营西北研究》，兰州大学出版社，2010年）

《唐代土地制度研究》编后记

外子王永兴先生《唐代土地制度研究》一书，完稿于1986年11月。

20世纪50年代以后，土地制度研究一跃成为我国历史学界研究热点，名列"五朵金花"之一。外子撰写这部著作，倒不是要预"五朵金花"之流，而是源于他对敦煌吐鲁番文书的热爱。在考释了差科簿、户籍、计帐文书后，1985年2月，外子将注意力放在敦煌吐鲁番田制文书上，他分类编目、录文校勘，孜孜不倦。本书第三编的《敦煌吐鲁番学田制文书校释》，就是他当年考证校注的部分札记。在考释文书的过程中，他对唐代土地制度，尤其是均田制和土地管理细则有了进一步认识，撰写唐代土地制度研究一书则水到渠成。因此说，对外子而言，考释敦煌吐鲁番文书，是其初衷，是研究之根；而整理为土地制度研究一书则是果。其年暑假，外子去上海，与上海古籍出版社商议主编出版"多卷本唐史"事，唐代土地制度研究列入其中一卷。外子已有成竹在胸，拟首先完成这一种，于是在授课之余，扩展范围，将唐代前后期土地制度均纳入研究视野。

1986年2月，外子给北大历史系82、83级的本科生及研究生开两门课："敦煌吐鲁番文书研究"，每周4学时；"唐代经济史"，每周3学时。"唐代经济史"的授课内容，就从土地制度开始。他在课堂上，总是不厌其详地讲授他最新的当时尚未发表的研究成果。他不但介绍他的观点，而且还将思考的过程、研究的难点、进展程度、哪些问题还可进一步研究等倾囊相授。我当时是大三的学生，在教室中忝列末座。我被他的授课深深吸引，一边飞快记录，一边思索他提出的问题，下课后再重新整理笔记，重读史料。也就是在他这样的教学中，我学会了唐史、敦煌吐鲁番文书的研究方法，感觉天地一新，其乐无穷，而撰写《唐代财政史稿》之志，就萌生于外子这样无保留的启发和分享式教学之时。

11月，外子近30万字的《唐代土地制度研究》一书全部完稿了。因手颤书不成字，这部书稿是由字迹娟秀的徐谦师姐帮助抄写的。外子修订后，寄给了上海古籍出版社，"多卷本唐史"终于启动。责任编辑江建中先生付出了巨大努力，他审读、修改、画版，完成了所有的编辑工作。而当即将进入排版程序时，正赶上了我国出版业最困难的时期。出版社经费紧张，外子也无处觅得出版补助，"多卷本唐史"无疾而终了。这部书稿也在1990年底被退了回来，外子就把它束之高阁了。

虽然出版无望，外子并没有心灰意冷，对研究依然热情不减。敦煌吐鲁番文书与唐史研究天宽地阔，有很多问题吸引着他，让他投身其中，忘记得失。他的兴趣更在于开拓和研究本身，对已完成的未刊书稿，并不挂念。于是这一搁置，就是几十年。

2008年，外子去世后，我在工作之余，也着手整理外子文稿。但全集出版困难，只能将未刊稿一本本整理。承余太山先生盛谊，这本书与之前的《唐代经营西北研究》一样，也列入"欧亚历史文化文库丛书"中，这本搁置了近三十年的书，又有了付梓之机。

目前经济史在史学研究中的地位呈边缘化趋势。政治、文化再加上多种新的学科，各见精彩。土地制度研究似乎已经过时。信息化时代，一日千里；三十年来，学界早已日新月异。外子这本旧书，自然不能引领学术潮流。但在经济史研究日趋沉寂、土地制度研究成明日黄花之时，出版这样一本书，以见中国学者研究敦煌吐鲁番文书、钻研土地制度之迹，以存旧说，也不能说全无价值。故而整理刊布之，请读者指正。

这本书成书较早，不完备、不完善之处，在所难免。我曾拟为之补充史料，更正疏漏，无奈庶务缠身，疲于奔命，拖延至今，竟无暇修订！想到外子对我的厚望，愧悔交集，痛彻心肺。就这样一仍其旧吧！请读者鉴谅。

最后，衷心感谢本书责任编辑高燕平、"欧亚历史文化文库丛书"负责人施援平女史的辛勤付出和盛情帮助！

2014年4月5日

（原载《唐代土地制度研究：以敦煌吐鲁番田制文书为中心》，兰州大学出版社，2014年）

《敦煌吐鲁番出土唐代军事文书考释》
编后记

　　外子王永兴先生《敦煌吐鲁番文书出土唐代军事文书考释》一书，始撰于1989年初，完稿于1990年夏。

　　外子认为研究历史应实事求是，一切从当时的历史实际出发，从史籍文献、各种资料的记载出发。因而他研究唐史，极重史料，而敦煌吐鲁番文书是未经删改、直接反映历史原貌的资料，他更为重视。在北大教学和科研中，他大力提倡敦煌吐鲁番文书研究。敦煌吐鲁番文书与唐代专题史，一直是他给本科生和研究生同时开设的两门课程，每年授课的具体内容和重点有所不同，但敦煌吐鲁番文书和唐史本身一直是并驾齐驱、缺一不可的。1988年12月，他提出了编辑"隋唐五代史料丛书"的计划，包括隋唐五代史料整理和敦煌吐鲁番文书校释两类：前者初步选题为《唐大诏令集校补》《隋诏敕辑校》《〈隋书·百官志〉注》《唐田令、户令、赋役令辑考》等，后者包括《敦煌吐鲁番土地文书校释》《敦煌吐鲁番户籍、手实、计帐、差科簿文书校释》《敦煌吐鲁番军事文书校释》等。后因筹措出版经费的努力失败，丛书未能出版，但他仍然坚持敦煌吐鲁番文书的校注工作。由于当时《敦煌吐鲁番土地文书校释》《敦煌吐鲁番户籍、手实、计帐、差科簿文书校释》已经完稿，他接下来就开始了《敦煌吐鲁番军事文书校释》一书的撰写。

1989年，北京图书馆（今中国国家图书馆）敦煌资料中心请外子讲授"敦煌学"课，每周一次，为期一年。那时的讲课都是没有报酬的，外子也心甘情愿为弘扬敦煌学无偿奉献。但敦煌资料中心主任徐自强先生于心不忍，他知道外子手抖、书不成字，就想在这本书的抄写和出版上提供一些帮助。这一年，外子搜集了北京图书馆、法国国家图书馆、大英图书馆、上海文物管理委员会所藏敦煌军事文书及《吐鲁番出土文书》《大谷文书集成》《中国古代籍帐研究》《西域文化研究》所载吐鲁番军事文书，并参考黄文弼《吐鲁番考古记》、罗振玉《贞松堂藏西陲秘籍丛残》、日比野丈夫关于唐代蒲昌府文书的论文等，对敦煌吐鲁番出土唐代军事文书进行汇编、分类、整理、说明及注释。最初搜集的文书较多，后经多次删改，明确类别，精简注释，就成了现在这个样子。对一个75岁的老人而言，资料汇编工作是艰巨而繁重的，外子无法书写，尤感困难。这期间，其子王珠文帮助抄写了一些资料。外子在是书原"后记"中写道：

> 我曾在身体上和精神上受到极大摧残，以致双手几乎失去写字的能力。后经医治和锻炼，有所恢复，但书写时仍颤抖，字不成形。这本书稿有些是由我的孩子王珠文抄写的。珠文有志也有能力读书治史，但没有读书的环境和条件。为我抄写这类书稿，他似乎可以得到一

些稍偿夙愿的满足。我得到帮助却感到悲哀。但愿有一天他能真正地得偿夙愿，然而这又是何等渺茫啊！

1990年夏，《敦煌吐鲁番出土唐代军事文书考释》完稿。徐自强先生找人誊清，经外子核对修订后，又为之多方联系出版社。之后，出版的事不了了之。外子索回了抄清稿，置诸箧内，然后就将主要精力放在唐代军事史研究之上了。这部书稿，可以说是外子研究领域从经济史到军事史的转折点。

本书稿的内容，大多未曾发表。外子在本书前言中说："吐鲁番出土吐谷浑北返归朝文书20件，是很重要的军事文书，因我已有专文研究这批文书，本书不再收录。"但我并不知外子此文发表于何处。1991年出版的《中国文化》第4卷上，载有外子《读吐鲁番文书札记二则》，其一则与吐谷浑有关，但并不是吐谷浑北返归朝文书的考释，而是对一条注释的发挥和升华。也许外子写完了就随手一放，年深日久，也不记忆了。

这部书稿也是时代的产物。外子之所以编这样一本书，是因为当时条件困难：国外主要研究著作、论文不易得，敦煌吐鲁番文书原件、图版均不易见，片纸只字，视为至宝。20世纪70年代，陪伴他的只有历史所编辑的《敦煌资料》第一辑。也就是这本书，让他"如在灾难深重之中与老友重逢"，他反复研读书中支离破碎的残卷，重新开始敦煌学研究。而正因为资料苦觅难寻，搜集时倍感艰辛，外子才决定整理军事文书，汇成一册，以为有志者提供便利。

斗转星移。随着中外学者的共同努力，敦煌吐鲁番文书的整理刊布已经取得了重大成绩。今天，不仅外子苦盼的《吐鲁番出土文书》第9册、第10册已付梓，煌煌四卷图版本得以出版，日本小田义久先生编辑的《大谷文书集成》贰、叁、肆也尽展庐山真面目，这些都让外子没有了"不知原卷如何？"的遗憾。更有甚者，随着考古发掘的进展，新出土的文书也络绎不绝，敦煌吐鲁番文书也不再莫测高深。外子所关注的唐代蒲昌府文书，1997年，陈国灿先生与刘永增一起，在日比野丈夫先行整理的基础上对日本宁乐美术馆藏110片82件蒲昌府文书进行了重新整理、拼接、缀合、释文、增加、补正，并按月日先后为序重新排列，且同时刊布了文书的全部图版。至此，这批蒲昌府文书完全揭开了神秘的面纱。二十多年来，敦煌吐鲁番军事文书、唐代军事史研究也突飞猛进，陈国灿、程喜霖、孙继民等先生均在细致分析敦煌吐鲁番文书的基础上，提出创新之见，不断丰富和深化唐代军事制度的认识。这些研究不但填补敦煌吐鲁番学研究的空白，而且拓宽了唐代军事史研究的领域。

这些资料和成果，本书都未能收入和体现，这不能不说是一个重大遗憾。修补完善工作颇巨，我一时无力进行，只好一仍其旧。感谢余太山先生的盛情，我就这样把这株孤苍的老枝，也植于内陆欧亚学研究的百花园中了！

今年的6月16日，是外子百年诞辰。没有纪念会和纪念论文集，我带他去了新疆博尔塔拉，和他一起看了唐代军事史上重要一战——苏定方平阿史那贺鲁双河之战的战场，以偿他"行至乌鲁木齐以西"的夙愿。在圣洁得令人窒息的赛里木湖畔，我感受到他喜欢在百岁这一天来到这里，也喜欢这样静静地被怀想与思念。

寄出本书二校样之后，我做了一个梦。梦中突然被告知外子去世了，我失声长恸，肝肠寸断。那种心痛和恐惧，醒来后持续了很久。泪眼模糊中，我意识到，六年了，外子虽离开了尘世，但却还在一直陪伴着我，从未离开。

兰州大学出版社施援平、高燕平女史不仅在本书的编辑上花费了巨大心血和努力，而且一次次对我宽容有加，令我羞愧并深为感动。我对她二人的感激之情，无法用言语表达。

2014年6月21日

（原载《敦煌吐鲁番出土唐代军事文书考释》，兰州大学出版社，2014年）

一本迟到的小书：写在《隋唐审计史略》出版之后

2001年春，中国审计署《中国审计史》编辑办公室的同志多次和我联系，征求我对他们正在编写的《中国审计史》的意见，并要我帮助提供资料。8月8日，我接受了审计署关于撰写《中国审计史》的任务，负责"隋唐审计"部分。

与审计署的这次合作，是我人生中一次重要的、难忘的经历。在中国审计署的资助下，我开始搜集资料、编写提纲。考虑到全书的体例，经过一次次的会议和讨论，确认了提纲的三个核心内容，即审计机构、审计活动与审计法规。之后，我开始撰写《隋唐审计史》。由于我在用十二年时间广泛搜集唐代财政史资料，完成较大篇幅的《唐代财政史稿》时，已对隋唐审计多有关注，所以执笔写来，较为顺畅。2002年6月10日，我完成了十余万字的初稿。

根据《中国审计史》的编写体例，《中国审计史》编辑办公室的同志对拙稿进行了删减和修改，将其中一部分发表在2004年1月由中国时代经济出版社出版的《中国审计史》中。

2005年底，友人应出版社编辑之约，将拙作推荐列入一家出版社系列丛书之中。一年多以后，编辑告知出版社改变计划，丛书取消，拙稿自然也不能付梓。后由北京大学中文系刘烜教授帮助，书稿得以列入《东方文化集成》丛书中。我据学界最新整理刊布的《天圣令》资料，略作增补和修订，并补充2004年初所写的《勾检、孔目、磨勘——兼论唐代行政手段的变化》一文，于2007年8月8日将书稿交给昆仑出版社。此距初稿完成，已有五年了。

隋唐时期的审计在中国审计史上处于承前启后的地位。这首先体现在审计机构的设置及职掌变革上。

隋及唐前期的比部，是在魏晋南北朝以来从三公九卿制向三省制六部制发展演变的大背景下出现的；比部隶属于刑部，司掌审计，更是魏晋以来尚书省诸曹隶属关系及职掌调节的直接结果。自隋至唐前期，比部官吏设置不断补充，品级有所调整，职掌分配更为合理，审计法规、账目编造制定等日趋完备，比部审计统辖全国，发展到最高峰。继承总结前朝制度并有进一步发展，这是隋及唐前期审计制度的主要特点及作用。

开元天宝以后，尤其是安史之乱以后，国家财政收支急遽扩大，税收多途径，支出更复杂，由一元财政变为多元财政，商品经济色彩日渐浓厚，旧有的《令》《格》《式》已不适应新的政治、军事、经济、财政形势。在摸索、创置、适应与不断调整中，比部审计职能日渐衰弱，中央新型的以三司内部审计为主体的审计机构逐步确立，虽极不完善，但在一些重要财政领域，逐渐取比部而代之。开启赵宋以降审计新局面的新型制度萌芽、出现在唐后期，并初具规模，确立了唐后期审计"启下"的地位。

新型财政审计机构经过唐后期的形成运作，至五代又发展演变，到北宋时期定型，这一发展体现了正、反、合的演变历程。由魏晋南北朝至隋唐，财政审计机构的发展趋势是独立于财政收支机构；至唐后期，三司内部审计制形成，由独立又退回至财政机构领导下，经历了曲折的历程。但这新型审计机构的演进步伐并未停止，经过五代、北宋的变革，至元丰改制时审计又重归比部，再次独立于财政之外。元丰时期比部的回归不同于隋唐时期的比部，体现了中国古代审计机构演变发展的曲折历程和复杂脉络，审计制度在机构演变之间也向更为复杂、更为完善的方向发展。

本书在把握隋唐三百多年审计制度复杂曲折演变历程的基础上，分隋朝、唐前期、唐后期三个阶段，利用隋唐时期史籍文献、墓志等，再现了这三个时期中央地方审计机构的构成及运转。指出：隋唐时期中央设置审计机构比部是中国审计史上值得大书特书的事件。比部隶属于掌天下刑法的刑部尚书、侍郎之下，为尚书省刑部的四曹之一，具有法律监督性质，中央审计与财务行政机构户部四曹相分离，这是其职掌经魏晋南北朝渊源演变的发展结果，也是中国审计思想、审计制度成熟的标志。隋朝比部由郎中、员外郎行使审计职权，由主事监督管理令史、书令史的文案工作，已具有真正审计机构的规模。唐朝在隋制的基础上，进一步改进，在比部郎官的选任上向勾检、理财方向倾斜，由精通数字计算的流外入流官员担任比部主事，设置精于簿书会计、审核的胥吏计史，更重要的，配置不受官吏资格及任期长短限制的拥有杰出审计才能的比部直官，形成官、吏、直官三层运作体制，层层保证，最大限度网罗人才，成为完善的国家审计机构。唐代比部设置特色及其职官构成、官吏职掌体系，在中国审计史上具有划时代的意义。唐后期作为尚书省二十四曹之一的比部仍存在，但比部不再拥有全国财政审计职掌。与唐后期的财政状况相配合，财务审计、勾检体制也是多元化的，但以三司内部为主。唐后期的审计特点为会计审计结合，横向勾稽与纵向出使监察结合，审计监察结合。三司使下官员严格实施财务勾稽，更为重要的是数以千计的各色胥吏成为审计职务的主要执行者。唐后期审计机构并不完善，但其形成与发展为五代、宋代新时期审计机构的出现铺平了道路。

唐代的审计方法在中国审计史上也值得大书特书。与审计直接相关的账簿有三种——勾帐、勾历、勾征帐：勾帐以四柱帐法为基础，是内外诸司、地方州县向中央审计机构申报季、年财务收支破除见在的基本账簿形式；勾历较勾帐更为灵活，可用于中央、地方各级审计官员对一切财务收支案历的勾覆、勘会；勾征帐记录"勾获数及勾当名品"，详细记载了每笔勾征的来龙去脉，是审计的结果。这三者互相补充，又缺一不可。三种审计帐历形式，是对内容广泛、方法复杂的审计制度的高度概括与浓缩，又展现了这一时期审计制度、方式的严密性及完善性。

敦煌吐鲁番文书中保存了大量勾帐、勾历、勾征帐的资料，本书通过对以往称为"会计历""会计牒"一类的文书的仔细爬梳，逐一恢复了勾帐、勾历、勾征帐的形式及内容，希望能以之推进唐代审计史及敦煌吐鲁番文书研究的深入。

本书还分析了唐代形成的新的审计方式——通勾与磨勘。所谓"通勾"，即对远年帐簿的勾稽检查。通过通勾，扩展了审计范围，加大了对官吏贪赃枉法行为的打击力度，通勾是不限时间、正本清源、穷追不舍的审计方式，成为每年固定日、月、季、年勾的补充。财政领域的磨勘出现在唐后期。"磨勘"是勾检之后的进一步审查、检劾，唐代审计方法从勾检发展为磨勘、盘勘，体现了审计手段趋于更加丰富、复杂、细密。财政领域磨勘的出现，标志着中国古代审计方式进入了新的发展阶段，宋代中央审计机构之一为磨勘司，正是唐后期审计方式演变的直接结果。经过这种分析，隋唐审计方法的变化与进步，隋唐时期审计的重要成就，也就因之清晰起来。

完善的《律》《令》《格》《式》也是比部审计的必要条件。隋及唐前期典章制度最为完备，国家一切行政运作，均以《律》《令》《格》《式》为依据，收支与审计，也是如此。本书一一条列分析了这些审计法规，指出：审计在《唐律》中内容极少，不占重要地位。唐《令》虽已残缺，但从现存的部分，不难窥见比部在文案处理、行政运作程序上与国家其他行政的一致性及审计机构设置、职掌、地位的特殊性；审计法规是唐《令》的重点内容，这尤其体现在《仓库令》中。唐代《格》《式》以尚书省二十四曹司为篇目，《比部格》与《比部式》无疑最详细地汇集了国家审计法规。此外，其他曹司的《格》《式》（如《水部式》）等也涉及不少审计内容，这使我们意识到唐朝审计法规的完善性。

对《比部格》《比部式》，本书进行了重点论述。唐代史籍、志书中，并未有《比部格》的完整记载，但我在《唐会要》中，发现一条《比部格》。我还根据《唐六典》《旧唐书·职官志》《新唐书·百官志》等志书的编纂体例，结合吐鲁番文书，对《比部式》和《比部格》的内容进行复原。而通过对《比部格》《比部式》的分析，可知《比部格》及《比部式》对内外诸司、天下州县的财政财务审计从内容到方法，均有具体、详细的规定。易言之，以《比部格》《比部式》为主体的唐审计法规极为完备，无孔不入，国家审计完全按《比部格》《比部式》（并以其他曹司《格》《式》为补充）进行，不越雷池一步，《比部格》《比部式》为中央地方审计实施的依据和保证。同时，《比部格》《比部式》又在实际执行中不断发展，丰富内容，完善手段，《比部格》《比部式》不是停滞的，一成不变的。正因为具有以上两方面的特点，与唐《律》《令》相比，《比部格》《比部式》成为唐代审计的主要法规，也是唐审计法规的核心，具有可操作性。

唐代审计法规中还出现了《勾帐式》。作为唐《式》的一卷，《勾帐式》出现于垂拱元年（685），但其内容如何，史籍中无只字记载，幸而敦煌、吐鲁番文书保存了大量勾帐。我首先利用文书，复原唐代勾帐形式，进而探讨唐代勾帐的构成和特色。从唐代勾帐的形式看，毫无疑问，勾帐已采用了四柱帐法。我进而指出，垂拱元年，当然不是四柱帐法最早出现的时间，民间及官府有的机构采用四柱帐法应更早，但垂拱元年以《勾帐式》的法律形式将四柱帐法固定下来，意义重大。《勾帐式》中的四柱帐法，是吸收了当时先进的记帐方法的产物，借垂拱元年修撰法律的契机，四柱帐法随着《勾帐式》颁布全国，所有正式勾帐，以之为准，使四柱帐法在天下记账造写中广泛使用，《勾帐式》又反过来推动了四柱帐法的应用。通过对《勾帐式》的分析，我认为将垂拱元年定为中国古代四柱帐法的普遍使用时间，应较为接近历史真相。

审计独立的思想，审计、监察、会计三者明确分工互相合作的审计制度，勾帐、勾历、勾征帐并行互补的审计账簿格式，复杂、精细的审计方法，以《勾帐式》《比部格》《比部式》为主体的完备详明的审计法规，相差悬殊、迥然有别的唐前期、后期审计机构组织及内容结构等，共同构成隋唐时期的审计特色。本书试图以丰富的史料，展示隋唐审计的这些特色。这种努力是否可取，还有待于广大读者的评判。

2009 年 1 月，我终于拿到了《隋唐审计史略》的样书。这本薄薄的小书，让我泪眼模糊。随着书页的翻动，不思量、自难忘的往事，又一次在眼前飞扬。

2002 年，我撰写这本书时，刚刚购置电脑。我极不情愿地用不熟练的指法慢慢打字，外子王永兴先生一直在我身边鼓励我坚持下去。我极怕自己辛苦码的字丢失，因此每写完一页，都赶紧打出来，而他也总是迫不及待地先睹为快。他欣赏我的创新之处，也提出意见，还为我挑错别字。我们就这样一个写，一个读地忙碌着。写到最后一章，正是世界杯足球赛进行得如火如荼之时。但每当我打印出一页，不论电视上的比赛多么激烈，他都立刻关上电视，如获至宝地捧读。2007年底，书稿二校样出来，他爱不释手，欢欣鼓舞地读着，格外自豪。以至于为了让他高兴，在校样寄出后，我给他复印了一份，每星期二我返所上班时，就让他在家里读，这样他能安静而快乐地度过一个漫长的白天。2008年8月底，外子生病住在北大校医院里，我接到负责《东方文化集成》编辑事宜的樊津芳老师的电话，说因地震和奥运，出书推迟，但9月书可以上市了，问我买多少本样书。我从没有这样热切地盼过一本书出版。我不止一次地幻想，如果外子能看到这本书，他会从心里感到欣慰而减轻一些苦痛吧，这本书会给他在病房的日子带来一些喜悦的亮色吧。可惜造化只按照它自己的运行规律，缘者如此，空令我痴想断肠。

9月15日，外子远行不归。当我把这本迟到的小书献到他的灵前时，泪水潸潸而下。

（原载《学术动态》第22期，2009年）

购戴裔煊先生藏书杂感

今天收到了沈帅女士寄来的我在天涯书局拍得的戴裔煊先生藏《古籀汇编》一函14册。此书为商务印书馆1934年8月初版，浙江临海徐文镜编著，共有戴裔煊先生藏书印三种，每册封面均钤"戴裔煊"印并有墨书"裔煊藏"三字，第一册钤"裔煊藏古图书之印"二枚，第十四册书末钤"戴裔煊印"一枚。书"叙"部分有朱笔勾画，但全书无批注。

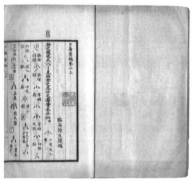

《古籀汇编》书影

在群星璀璨、大师云集的康乐园，戴裔煊先生并不引人注目，他淹没在前辈、同辈（有的因风云际会）的巨大光环之后。但对我而言，他却有不同寻常的意义。

最早接触这个名字，是在1985年读陈寅恪先生《元白诗笺证稿》时，寅恪先生在附校补记（一）中写道："此条乃戴裔煊先生举以见告者。《论语·子罕篇》云：后生可畏，焉知来者之不如今也。四十五十而无闻焉，斯亦不足畏也已。圣人之言，岂不信哉！附识于此，以表谢意，并记烛武师丹之感云尔。"当时我对寅恪先生的敬仰正如滔滔江水，对能得他如此高评价的戴先生自然也盲目钦羡，想见其人，恨不能挹其风采。

两年后的一次书市，以极廉价格（0.5元）买到戴先生著《宋代钞盐制度研究》。但该书排版太密，以致近视的我读起来费劲，更主要的是当时的我年轻气傲什么都三分钟的热度，自然无法领会戴书的精奥。其后，年齿渐长，读书增多，仍无耐心将戴书完整通读，只是取其所需，用到时翻检一下。而立甫过，为探究唐后期盐政，终于将戴先生这部著作研读一过，心中的感动震撼，难以描述。一位我所敬重的宋代经济史学家称这部不大为人注意的论著，给他"振聋发聩的重要启发"，我亦深有同感。

《宋代钞盐制度研究》"以宋代钞盐制度为中心，阐明这种制度的产生、发展变迁与时代客观环境的交互关系，同时说明这种制度在宋代各个时期所起的作用与影响"。全书分为三编，第一编论述宋代盐的生产运销制度；第二编从横的方面着手，分别探讨与盐制相关的方方面面；第三编为纵向研究，探究这种制度的产生及变迁。

在结论部分，戴先生指出："著者研究宋代钞盐制度，抱有两种希冀，一为从静的方面观察此种制度之真相，一为从动的方面观察此种制度之发展。关于前一种，只有遍考群索，凡与宋代钞盐制有关之资料，俱尽可能加以搜集整理。举凡宋代正史野乘文集笔记奏议之类，有可取材者，就力量所及，索引钩沉，虽未敢云网罗无遗，而主要资料，多已征引及之。盖希冀如此表明事实之真相……本文一方面固注意事实之表明，然而著者之目的不仅在将制度之内容尽可能加以剖析而已，主要目的仍在乎观察此种制度，从产生存在变迁之过程中，探求其对于宋代财政上所负之任务，如何达成其任务，及其在各时代中与各方面之关系。换言之，侧重此种制度之动态，而非徒作静态研究已也。"可见该书的构架和特色。

当读完该书的最后一个字时，我掩卷叹息，难以平静。这部并不太受推重的书，确实"是一部闪烁学术光辉的卓越论著"，它与一般的拓荒之作截然不同，它不仅汇集了资料，而且有整体构架，有深度，难能可贵。戴先生的书1957年刊行，据作者自序，"本书原稿写成于十五年前。竭数年经历，晨夕、寒暑，风雨无间，始底于成。曾引用宋代官私撰著、文集笔记凡二百余种，一一取材于原著"。该书完稿于1942年，因战乱频仍，未能出版。与同时代的社会经济著作（主要是"食货派"）相比，戴先生之书无疑是最为杰出者之一。而此书运用的民族学家及社会学家所重视的纵横研究法及相关的政治社会学理论，确是当时历史学界的空谷足音。

我忝列学界，也略有著述，正因为如此，方知"竭数年经历，晨夕、寒暑，风雨无间，始底于成"之不易，更深知

"曾引用宋代官私撰著、文集笔记凡二百余种，一一取材于原著"之艰难。而书稿完成时，戴先生仅有34岁。前辈学人横溢之才华，令我心向往之！

其后，又读到戴先生1948年出版的《干兰——西南中国原始住宅的研究》一书。在弁言中，戴先生写道："著者搜集西南中国原始文化资料，经已多年，东鳞西爪，日积月累，颇有所得，以饥驱奔走，生活不安，迄无暇整理，斯篇为整理完成者之一。然亦于萧萧逆旅中，利用公退余闲为之，风檐寸晷，时作时辍，迁延数月，始克脱稿。著者企图用史地学方法，将西南中国原始住宅作有系统之探究。考查其名称之变异，形式之差别，特征之所在，及其所以产生之缘由。从空间观察其分布，从时间迹寻其变迁。"据此，可知本书内容及撰著之艰苦卓绝，我更为戴先生虔诚献身学术的精神，深深感动。

以后又读到戴先生的著作《明代嘉隆间的倭寇海盗与中国资本主义萌芽》及《明史·佛郎机传笺证》，发现戴先生对从上古至明清的历史文化，均淹博贯通，出入语言、历史、民族、宗教、社会诸学科，均游刃有余，感佩不已。加上其更多未发表的关于南蛮、民族史、世界上古史、澳门史的论著，更令人叹为观止。陈寅恪先生所谓"后生可畏"的感叹，诚不虚发也！我读先生著作，如偃鼠饮河，止于满腹，焉能窥先生学问之涯涘！

钱穆在《八十忆双亲 师友杂忆》中，记录了他到屠寄（敬山）书房所受的震撼，他写道："四壁图书，临窗一长桌，桌上放数帙书，皆装璜巨制。座椅前有一书，已开帙，似太老师正在阅读。就视，乃唐代李义山诗集，字大悦目，而眉端行间朱笔小楷批注几满，字字工整，一笔不苟。精美庄严，未曾前见。尚有碎纸批注，放在每页夹缝中，似临时增入。书旁有五色砚台，有五色笔，架在一笔架上，似临时尚在添写。余一时呆立凝视，但不敢用手触摸。因念敬山太老师乃一史学巨宿，不知其尚精研文学，又不知其已值晚年，而用力精勤不息有如此。此真一老成人之具体典型，活现在余目前，鼓动余此后向学之心，可谓无法计量。"今捧读戴先生钤印签名的《古籍汇编》，亦百感交集，浮想联翩。

戴先生的高足章文钦在《戴裔煊先生传略》（《澳门史与中西交通研究：戴裔煊教授九十诞辰纪念文集》）中写下了这样一段话："中国历史上，每一个社会变动急剧的'天崩地解'的时代，都有一批这样的学者，以学术文化为国家命脉之所系，孜孜不倦地在各个学术领域进行艰难的求索，探索中华民族的文化精神和国家民族的生存和振兴，从而成为博学通识的杰出学者。在中国近代这样一个新旧交替和社会急剧变动的时代，鲜明的爱国主义思想和不断探索求知的进取精神，培育了一大批学识淹贯、精神博大的第一流学者，他们能够同时在几个重要的学术领域，以至几个相关的学科取得卓越的学术成就，为近代中国的学术文化开创一个群星灿烂的时代。"从学术高度看，这确实是一个无法企及的高峰时代，戴裔煊先生的著述与遭际，正反映了这一个时代学人的特色。

"摇落深知宋玉悲，风流儒雅亦吾师。怅望千秋一洒泪，萧条异代不同时！"杜甫的28个字，已将"士有旷百世而相感者"的无限抑郁感慨描写殆尽。而唐裴说看到著名书法家僧怀素的墨池笔冢遗迹后写道:"笔冢低低高似山,墨池浅浅深如海。我来恨不已,争得青天化为一张纸,高声唤起怀素书,搦管研朱点湘水(《题怀素台歌》)。"更异想天开地道出让青天化为一张纸,高声唤起怀素来写字的宏愿。裴说与怀素的时代相距百年,当然不能使怀素再生,而怀素的命运却注定不能驰名文苑,甚至不能尽展其才,只有终老丘谷,裴说也只能徒然惋惜怅恨。地变天荒,人间何世。我的怅惘感恨,又岂为戴先生一人而已!

为从事的研究工作,我不得不买些专业书籍。我不搞收藏,也不在乎是刻本还是影印,取其所用而已。但只要力所能及,却极爱搜集熟悉的前辈学人藏书,抚其手泽,遐想幽思,以为纪念。拍得戴裔煊先生藏书,欣喜感慨之余,又心生不足。我还能有缘得到我最仰慕的学人的藏书吗?那魂牵梦萦的愿望能够实现吗?一切随缘吧,毕竟还没有到"他生未卜此生休"的时候。

这样想着,忘记了今夕何夕,身在何处。

2003年5月7日

(原载《戴裔煊先生诞辰一百一十周年纪念文集》,中西书局,2021年)

一颗读书人的心

　　今年10月7日于海淀中国书店购商务印书馆1935年版黄现璠著《唐代社会概论》一册。归后捧读，发现书中有批注多处。何人所批，已不可知。同时所购尚有黄现璠、刘墉合著《中国通史纲要》中册，1934年北平文化学社印行，扉页虽经涂抹，尚可辨认的"云亭校长指正　学生黄现璠、刘墉敬赠"的字迹，可知此书主人为云亭校长，即1930年至1937年出任北平师大校长的李蒸（1895—1975）。但李云亭书页上无只字批语，无法与《唐代社会概论》中字迹核对，因而无法确认《唐代社会概论》中的批注是否为云亭校长所书。

　　《唐代社会概论》中批注甚多，字很细，多连笔，且年深月久，痕迹较淡，有些很难认了。我却不敢不一字一句仔细过录，也不敢稍有懈怠。为的是不能辜负一颗读书人的心。

　　批注字迹有朱笔、墨笔、铅笔、钢笔四种，当是不同时期所书。今只按页码整理，对墨迹分别标示，同时，为便于理解批注内容，黄现璠的引书和论说也约略引之，省称为"黄"。整理如下：

序1页：

文字非常之糟，又无见地，解释且多错误，条理亦不甚清楚，毫无可取，仅搜罗尚勤力尔。廿六年正月卧病重阅后记 （朱）

序后余白：

唐代宗教的势力那样重大，材料又那样丰富，而只用了廿页，娼妓问题反而写了三十大篇。

悲田坊（《唐会要》49），社会慈善事业，竟一字不提。（铅）

目录1页：

唐代胡化极深，作者只字不谈。

唐初氏族与新兴的仕族对立，甚重要，而竟一字不谈。

专讲阶级的时候，虽也把王谢卢郑提出来，但是作者连《元和姓纂》都没看，其文之价值可以断定了。（铅）

目录2页"第二节　娼妓制度"下：

《癸巳类稿》十二有《除乐户丐户籍及女乐考附古事》一文可参阅。（墨）

目录5页"第七节　婚姻"上：

有婚而无丧。（铅）

正文1页：

作者不把社会现象的沿革变迁概括的叙述，仅把古代的……（铅）

2页：

《唐会要》五品以上官吏不得入市，亦可见对商人之贱视也。商亦有大小，不可一概而论也。（铅）

5页：《通鉴》云："士卒所以争冒矢石，不顾其死者，贪俘获耳。"黄曰：足知将士奋勇杀贼，目的乃在俘获敌人为奴隶。铅笔批注云：

士卒所以不顾死者，贪功邀赏也。贪俘获，亦未邀赏也。俘获敌人，士卒又岂能有之？作者不察，故按着字面的意思误解下去了。

9页：

（分类欠妥）

典贴投靠占的成分要比卖买大得多，何以不另辟一类而附于此？（铅）

18页：

（分类欠妥）

"太常作乐者，元与工乐不殊。"《唐律疏议》讲得很清楚，可附在工乐条内。

19页：太常音声人，谓在太常作乐者，元与工乐不殊，俱是配隶之色，不属州县，唯属太常。义宁以来，得于州县附贯。铅笔注：

非必也。

讲，因为他只于是隶属上的改变而已。

23页：《汉书·陈胜传》注颜师古谓"奴产子犹今人云家生婢"侧，墨笔书：

"秦令少府章邯免骊山徒人奴产子。"

其上墨书：

　　清王业《知新录》卷卅二"家生儿"条"奴产子犹人之家生奴也。则俗语呼奴婢之子为'家生儿'，此语自汉已然"。是此语近尚沿用。

33页：冯益条其上铅笔批云：

　　出处？

38页："用奴为兵"条上铅笔批云：

　　东晋已有之，然则起于何时？

　　以奴为兵，在唐初府兵制盛行时疑无之。恐始见于安史之乱。

42页：黄曰：私贱民赠与，最多不过百五十口，比诸官贱民，相差甚巨。此种原因，盖因物主所有，多少不同，故在使用上，现出丰啬之差异耳。铅笔批注：

　　推论过于拘泥。

43页：《通考·田赋考》一条铅笔批注：

　　此节出《隋书》志。

其上铅笔批注：

　　不应杜造词语淆惑读者。如："西口"P.8、"奴捐"、"东口"。

《唐书》卷一一八《张廷珪传》上铅笔批注：

　　《唐书》，习惯上谓《旧唐书》也。

44页：

　　《汉书·栾布传》似有较真切的描写奴隶交易的情形。

45页：黄曰："商业既然发达，卖买奴婢，自所难免。"

其上铅笔批注：

> 推论误谬。商业发达，何以见得便有奴婢卖买？奴市易多在边州（荆州也可以说是文化的边境），京都恐怕即没有。

46页：

> 边州的奴婢交易恐与国内稍异。（待证）

47页：黄曰：奴婢价值，清代以年龄多少，决定价格高低。唐代亦然。铅笔批注：

> （误解）在壮弱而不在龄也。

60页：黄据武宗即位，毁寺放奴条云："此为本主丧亡，解放为良之例。"朱笔批注：

> 胡解。谁说本主死了？

63页：黄据"役者过期不遣"，曰：此役者或为番户杂户之官贱民。朱笔批注：

> 太牵强。

86页：

> 《越绝书》之材料不定可靠。娼妓制度之发生，在男系社会之私产制度之确立所成，这是一种必有的现象。岂能以古书上随便一点记载，便引来推定他的时代？（朱）

89页：黄曰：至于宫妓所居区域，则称为"坊"，坊之外为"苑"或"院"。其上朱笔批注：

> 都市区域皆称为坊，妓女所居者，为"教坊"，不可单称为坊。苑、院之说，亦无根据。

110页：黄据陆宣公"京畿田亩税五斗，而私家收税亩一石，官取一，私取十"曰：客户对于庄主……税额极重，每亩岁税至一石或五斗，比诸官税，多至十倍。朱笔批注：

> ？顺字面解释，往往不通。按此则官家仅亩收一斗或数升，唐税率不能若是之低也。此段所说十一乃言其多于官府而已。

114页：黄据敕文"逃户未归者，当户租赋停征，不得率摊邻亲高户"曰：盖所以安抚流亡，使其重归故乡也。铅笔批注：

> （胡解）。此条乃防亲邻之相率再逃，盖非安抚使之重返也。

黄曰：中唐以后，租庸调制废弛，赋税制度，缺乏统一，各地纳税，多寡不同，因此税多地方之人民，多逃入税少之地方，于其中建筑房屋，购置田地，作为终老是乡之基础。铅笔批注：

> 不堪压迫，始弃田而去，岂有为税较高，竟作如是之大牺牲者哉！

118页：

> 此处又云《新唐书》，然则《唐书》为《旧唐书》耶？而他又有《旧唐书》，其使人莫明其妙了。

121页：黄曰：贵族阶级，田园广大，"蚕而衣，耕而食，不持一钱以输王赋"。铅笔批注：

> 妙句。坐食阶级还要自己耕然后食？

126页：黄曰：同书卷一七六。钢笔批注：

> 《李宗闵传》。

《唐六典》卷三：凡官人受永业田，亲王一百顷，职事官正一品六十顷……

《唐书》113《裴冕传》：会宰相杜鸿渐卒，遂举冕代之……冕兼掌兵权留守之任，俸钱每月二千余贯。

132页：黄曰：贵族阶级经营工业机器，最著者为妨害农田水利之碾硙。朱笔批注：

工业机器——碾硙。

135页：黄曰：除碾硙外，则为建筑店铺。朱笔批注：

（分类之误）店铺。

铅笔批注：

此章为贵族阶级经营工业机器，不知建筑店铺亦为机器否。

136页：中唐以后，王公百官及天下长吏，且多置肆贸易，与民争利。铅笔批注：

《唐书·胡证传》可参考。

147页：黄曰：唐代度牒，分公度私度二种。前者系国家筹措军饷，以救时艰，后者为地方官吏与僧道，图谋诈财，以饱私囊。钢笔批注：

私度也未必是诈财，与公度的目的相同，都是为筹款。所以禁私度的律令屡见也，政府自己想专利而已。作者举出二种之不同，而未阐明其互相利害冲突之点。

163页：黄曰：夫求佛，本以图福致富。铅笔批注：

（谬见）。求佛本以图福致富，然则施舍产业与寺院，岂为富贵耶？

196页：

击毬之事又见《韩愈文集》四《谏张建封击毬

事》——第二书。

《旧唐书》110《张建封传》亦有"蹴鞠"。

252页：黄曰："襄城驿舍，且有沼、有舟、有竹、有柳、有亭、有轩、有堂、有庭庑，如今日北海公园之景况。《孙樵文集》卷三《书襄城驿壁文》云：'襄城驿号天下第一，及得寓目，视其沼则浅混而汙，视其舟则离败而胶，庭除甚芜，堂庑甚浅……至有饲马于轩，宿隼于堂。'据此，可知驿舍规模之宏大，及设备之完善。"朱笔批注：

> 《孙樵文集》所云者与作者用意适得其反，盖谓此驿，非如传闻之宏敞也。实际湫隘污芜，不足称心，作者据此竟发此妙解，诚荒谬之至。吾以为号称天下第一者尚且如此浅陋，其余规模更可想见也。如学者率尔若此，可以休矣！

这些批注或就原书体例、内容进行补充，或就作者结论提出针锋相对的不同意见，或补充资料，或进一步发挥。有的令人莞尔而笑，有的令人拍案称绝。正因为批注者不是为出版为发表而批写，而是在阅读过程中随意所书，因而更具真实性，也更加言辞犀利，体现了批注者的敏锐目光及真知灼见。我只有据实录出，才觉得不负拥有此书的缘分。

黄现璠先生所著《唐代社会概论》，为中国学者所著的第一部关于唐代社会史研究专著，虽与同时期的其他几部唐代社会经济史研究著作（如陶希圣、鞠清远撰著《唐代经济史》《唐代财政史》《唐宋官私工业》）等有一段距离，但其筚路蓝缕之功，学界是肯定的。黄书并不是草率创作，在当时环境下，已属不易。但没想到其同时人细读后，评价如此。我今亦忝列做学问人中，以研读著述为饭碗，但学养与黄现璠先生相距甚远，更不及批注者识见功力之万一。焉知没有学人于拙著中批语"毫无可取之处""谬见""胡解"者，又焉知后世无人将此批注整理而刊布者？往事已然，来者可追，可不慎乎，可不慎乎！

2003年11月14日

最后的“宝台山子”：怀念任又之先生

又是一个电闪雷鸣、大雨如注的黄昏。我独自坐在书桌前，望着白日如夜的窗外，默默地、深切地怀念着任又之先生。今天早晨，偶尔上网，得知又之先生已于昨天凌晨四点多，远行不归了。

一

窗外的风雨和12年前的一天很像。那一天也是7月12日。1997年的夏天奇热，外子王永兴先生夜以继日地挥汗撰写着《陈寅恪先生史学述略稿》。当全书基本完稿后，他将一部分书稿送给又之先生，向他求序。7月12日中午，又之先生打来电话，说：“黄刊（这是外子的笔名，老朋友都这样称呼他），序我已经写好了，今天下午给你送过去。”不久，瓢泼大雨从天空席卷而下，我们望着窗外，天像夜晚一样黑暗，漫天的大雨仿佛要将整个世界都冲走似的。这样的雨天，又之先生不会来了吧？正这样想着，敲门声起，又之先生拿着大信封站在门外，信封里装着他写的序。他笑着对不知所措的黄刊说：“你急着给出版社的，我就快点送来了。"席不暇暖，他又匆匆冒雨而去。黄刊展读着那篇被雨水浸湿了的序文，一遍又一遍地念叨着，"又之啊，又之啊！你让我说什么好呢！"

黄刊和又之先生都是在1934年进入大学的。又之先生入北京大学哲学系，黄刊入清华大学中文系，虽同在北平，但并无联系。1937年，清华、北大、南开南迁长沙，成立长沙临时大学，1938年又南迁昆明，成立西南联合大学。黄刊从中文系转入历史系，二人同在一个教室听课，才得以相识。而真正相知是在1940年，当时黄刊考入北京大学文科研究所，在昆明东北郊龙头村宝台山上，与1939年考入研究所的又之先生同屋，二人朝夕相处，又之先生成为黄刊的终生益友。

北大文科研究所是1939年在昆明设置的教学研究机构，下设语言、文字、文学、哲学、史学五组，由傅斯年先生任所长，郑天挺先生任副所长。当时流行着一副脍炙人口的对联："傅所长是正所长，郑所长是副所长，正副所长。贾宝玉乃真宝玉，甄宝玉乃假宝玉，真假宝玉。"上联妙语，正是对北大文科研究所领导的写照。北大文科研究所共招收四届研究生，又之先生是第一届，师从汤用彤、贺麟先生，黄刊是第二届，师从陈寅恪、向达、郑天挺先生，同入历史系的研究生还有王玉哲和李埏先生。在宝台山上辛勤研读的二十多个研究生，被称为"宝台山子"。

在《怀念郑毅生先生》一文中，黄刊深情地回忆着"宝台山子"的生活：

（郑毅生）先生经手在昆明城东北二十五里的龙头村侧的宝台山上，修建七八间土房子，名副其实的土房子，两个学生住一间，俞太然先生负责供应我们灯油用纸住一间，炊事师傅和厨房一间。院中有几棵高树，巢居两个猫头鹰，每到深夜，哀鸣不止，屋后时有一二大狼白天窥视，深夜蹲坐对月嚎叫。就是在这样的环境里，我们读书到深夜。没有节假日，一年三百六十五天，日日夜夜如此。长时间坐冷板凳。①

这是"宝台山子"生活读书的大环境。在《我的治学经历》中，黄刊又写道：

一年后，北京大学在昆明东北郊龙头村宝台山上建筑十几间草房，三届研究生约20人迁居宝台山。史语所就在山下，借书更方便了，两人一间房子，读书研究的条件更好了。我的同屋是任继愈学长兄，二人终日苦读。②

"二人终日苦读"的情景也十分有趣：又之先生习惯早起，在凌晨读书；黄刊却习惯晚睡，在深夜读书。于是他们一个读书到深夜，而另一个在他倒下睡觉时，又开始起床读书。这两个人形成了独特的日以继夜、夜以继日风格，他们

①王永兴：《怀念郑毅生先生》，《学林往事》，朝华出版社，2000年，第541—545页。

②王永兴：《王永兴学述》，浙江人民出版社，1999年，第7页。

屋的那盏小菜油灯，也因此彻夜不息。那时又之先生刻苦钻研着熊十力的著作。

和又之先生在一起，黄刊也养成了整洁的习惯。黄刊说他们两个每人一张桌子，他自己的那一张上，往往堆放得乱七八糟，而又之先生那张，整洁得一尘不染。久而久之，黄刊受到熏染，也能尽量收拾整齐了。虽然和又之先生相比，相悬不可以道里计，但在我看来，黄刊已是相当整洁了。我很感谢又之先生对黄刊潜移默化的影响，因为我有严重的粗枝大叶的毛病，给生活和工作添了许多不必要的麻烦，婚后黄刊教会了我许多整洁的原则，才让我没有继续乱得一塌糊涂。

黄刊盛赞又之先生胆识过人，果敢决断。他告诉我，有一次，汤用彤先生的爱女不幸病逝，在下葬时，汤师母哭得肝肠寸断，不让钉棺，汤先生也悲伤欲绝，不忍下手。当时的风俗，是要由亲人钉棺的。看到这种情景，联大师生一筹莫展。正僵持为难之际，又之先生挺身而出，果断钉棺，完成了下葬仪式。这件事给黄刊印象极深，五六十年后，他记忆犹新。当他再次讲给又之先生听时，又之先生都已经忘记了。

在北大文科研究所，"宝台山子"们的生活虽然艰苦枯燥，但导师认真负责，学生异常勤奋，中华学术文化在这里不绝如缕，薪火相传。所以几十年后，郑天挺先生欣慰地说，北大文科研究所，没出一个废品！

1999年，南开大学王玉哲先生寄来了1940年11月28日摄于昆明东北郊龙泉镇宝台山北大文科研究所的两帧照片，照片上的"宝台山子"有阴法鲁、周法高、马学良、阎文儒、逯钦立、任继愈、杨志玖、董庶、王明、王玉哲、李埏、王永兴。听着黄刊说出这些文史学界耳熟能详的名字，想着他们在学术界的重大贡献，我理解了郑天挺先生所说"没出一个废品"的分量。

"宝台山子"，1940年11月28日李埏摄于昆明东北郊龙泉镇北大文科研究所。左起：阴法鲁、周法高、马学良、阎文儒、逯钦立、任继愈、杨志玖、董庶、王明、王玉哲、王永兴

魏晋南北朝时，中原板荡，河西生活尚称安定，以刘昞为代表的河西大儒，讲学不辍，保存文化，为陈寅恪先生高度赞赏。寅恪先生在《隋唐制度渊源略论稿》中说：

> 惟此偏隅之地，保存汉代中原之文化学术，经历东汉末、西晋大乱及北朝扰攘之长期，能不失坠，卒得辗转灌输，加入隋唐统一混合之文化，蔚然为独立之一源，继前启后，实吾国文化史之一大业。

又云：

> 由此言之，秦凉诸州西北一隅之地，其文化上续汉、魏、西晋之学风，下开（北）魏、（北）齐、隋、唐之制度，承前启后、继绝扶衰，五百年间延绵一脉，然后始知北朝文化系统之中，其由江左发展变迁输入者之外，尚别有汉、魏、西晋之河西遗传。但其本身性质及后来影响，昔贤多未措念，寅恪不自揣谫陋，草此短篇，藉以唤起今世学者之注意也。[1]

抗战期间，寅恪先生漂泊西南天地之间，以河西保存文化融入隋唐之功，勉励南迁学人，指出南迁学人皆有"承前启后、继绝扶衰"的使命，以此"唤起今世学者之注意也"。西南联大正如河西诸儒一样，在漂泊转徙中弦歌不

①陈寅恪：《隋唐制度渊源略论稿》，中华书局，1963年，第19、41页。

辍，以保存文化为己任。而北大文科研究所诸师生，也以"承前启后、继绝扶衰"为使命，在战火纷飞之际，在极艰苦恶劣的环境下，保聚一地，从容讲学，使中华传统文化绵绵不坠，此为"宝台山子"之至乐大幸，也是中华民族传统文化之大幸。

华夏民族历史发展几经曲折，多少次寰宇纷扰，神州陆沉。华夏文化所以能延绵不坠，正因为有无数惜文化若命的人在乾撼坤岌之时保存学术文化，薪火相传，终于再创辉煌。"宝台山子"们肩负着这样的使命，弘师重道，他们此后在几十年中，壮志不移，在各自的岗位上，阐扬中国传统文化精义，为中华学术文化的发展竭尽了全力。正如又之先生在解释熊十力"舍佛归儒"原因时所说：

> 还有一个埋藏在他内心深处的"第一因"——对中华民族传统文化的热爱。有了这种深挚的爱，虽长年病躯支离，却肩起振兴中华文化的责任。这种深挚而悲苦的责任感，是20世纪多灾多难的中国爱国的知识分子所独有的。对中国传统文化了解得愈深刻，其深挚而悲苦的文化责任感也愈强烈。这就是熊先生理想的动力。[1]

而深挚而悲苦的文化责任感也是"宝台山子"从他们师辈那里继承的理想动力。又之先生所说的"活着，就要不失

---

[1]任继愈：《熊十力先生的为人与治学》，《念旧企新——任继愈自述》，山西人民出版社，1997年，第73页。

时机地为别人、为未来的社会尽力"①，正是对这种理想的朴素无华的概括。为了这种理想，"宝台山子"们奋斗了一生，这是那一代知识分子的命运。

又之先生是"宝台山子"中的翘楚。他的治学与为人无疑都是"宝台山子"中颇为出色的一个，但他还有更大的贡献，即主持了大规模的传统文化的资料整理工作。又之先生把总结中国古代精神遗产作为自己的使命，他领导整理和编纂的《中华大藏经》《中华大典》等，必将承前启后，继绝扶衰，成为华夏民族之瑰宝。

如今，"宝台山子"走完了他们激情洋溢而又艰辛苦涩的道路，也追随着前辈，将他们的名字刻在了中华民族文史哲学的学术史上。面前的世界新旧嬗变，纷扰激荡，"宝台山子"和他们的前辈那种对中华民族"深挚而悲苦的文化责任感"，不会在新的世纪变成"广陵散"了吧?!

二

1989年11月的一天，我第一次走进又之先生家。那时我研究生即将毕业，正在北京栖栖惶惶地找工作，而那一年是应届毕业生分配最困难的一年。又之先生温和地接待了我，他看了我的简历，问了我学习情况和今后的研究设想，让我把已发表和待刊的论文留下，就不置一词了。我告辞出来，不知悲喜。过了两个星期，我得到通知，又之先生看了我的

---

①任继愈：《念旧企新——任继愈自述》，山西人民出版社，1997年，第3页。

论文，认为我有研究能力，已向北京图书馆敦煌吐鲁番学资料中心推荐了我。正是由于又之先生的举荐，1990年4月，我才能如愿以偿地与北京图书馆签订工作协议，避免了被遣送回原籍的命运。

在北京图书馆敦煌吐鲁番学资料中心两年半的时间，是我学术生命中的重要日子。敦煌吐鲁番学资料中心丰富的图书资料，文津街北图分馆幽静的院落，让我在撰写《唐代财政史稿》（上卷）时如鱼得水，那部书稿绝大部分是在北图完成的。而这一切，都是得又之先生之赐，否则，在当时严峻的就业形势下，只会埋头读书的我，还不知道会在何处漂泊，更不用说进行研究著述了。

作为北京图书馆馆长，又之先生有自己的独特理念，他希望北图不要当藏书楼，而要像袁同礼任馆长时一样，成为学术研究机构，工作人员要提高研究水平，北图还要培养人才，要出像赵万里、王重民一样的大家。任馆长期间，又之先生致力于提升北图员工的科研素质，大量引进大学生、硕士生、博士生，倡导甘心坐冷板凳、严谨做学问的风气。他多次和我谈到敦煌吐鲁番学资料中心的科研计划，鼓励我扎实读书，把敦煌吐鲁番学研究推向深入。我能潜心完成《唐代财政史稿》（上卷）的写作，和他的支持鼓励是分不开的。

在北图工作合同期满后，我觉得自己更适合纯粹的研究工作，适逢中国社会科学院历史研究所要调我进入唐史研究室，我提出了请调的申请。但北图分馆的领导坚决不同意。我努力了几个月无效，向又之先生求助。又之先生认为社科院的科研环境对我今后的发展更有利，于是千方百计为我从中斡旋，帮助我调离北图。我认为，又之先生这样做，并不是为我个人，他是爱惜人才，重视学术，是想尽自己所能为人才发展提供更有利的环境。作为北图馆长，却完全没有本位主义，支持我调离北图，这是怎样的胸怀啊！

我入北图与离北图，都得到又之先生帮助，而离开时的帮助更是至关重要。办好调离手续，我徘徊在北图门外，思绪万千。古人云：受人点水之恩，应当涌泉相报。我受又之先生恩泽深重，却无以为报，只有努力读书了。

三

进入中国社会科学院历史研究所，我的生活掀开了新的一页。也是入社科院之后，我才更接近和了解了又之先生。

1993年末，我去又之先生家，汇报半年来的读书研究情况。

我和又之先生谈到研究和著述，我说我写作的毛病是文字不够简洁。又之先生说："文字简洁的功夫你要练习，也要习惯用叙述字句表达，不要每句话都引经据典地考证。但我认为对一个年轻人，主要问题不是强求他文字老练，而是要让他不要拘束，纵横驰骋。"又之先生的话语和态度，令我如沐春风。他谆谆嘱咐我："你知道自己朝哪个方向努力就行了，别以为自己写了那么厚的书，就骄傲了，自以为了不起了。你要珍惜历史所的环境，好好念书。"这种提醒不仅给了我继续奋进的动力，而且如醍醐灌顶，令我不敢懈怠。

当听到我还用笔写时，又之先生要我买电脑。他说："我们应该利用高科技。电子计算机检索便利，又快又准，不应该一味排斥。"看到我一直摇头，又之先生说："电脑很贵，如果你钱不够，也不用担心，你可以集资，我也可以资助一些。"我大为感动。以前收到又之先生来信，发现他总是把旧信封剪开，翻过来粘贴后重新使用，深感他的节俭。原来他只是自奉甚俭，对别人尤其是对青年后学，却经常无偿地大力资助。

1994年冬，我与黄刊在京结婚。几天后，又之先生突然光临。他携来贺礼：两本大的精美相册。他与黄刊谈笑风生，又笑着对我说："你知道吗？你的辈分提高了，我要叫你大嫂了。"于是恭恭敬敬站起，叫了我一声："大嫂。"我强忍着，没让眼泪落下。我和黄刊的婚姻跨越五十年的风雨，这个惊世骇俗的婚姻自然引起轩然大波，又之先生知道我们面对的压力和阻力是那么大，所以在我们最困难的时候雪中送炭般地表示支持。这真诚的理解和祝福是那么可贵，"大嫂"的称呼也给了我面对一切暴风骤雨的勇气。谈话中，又之先生见到我把自己的藏书搬来后，我们两居室共28.5平方米的小屋更显得狭窄、逼仄，就问我是否准备搬家。我说不想动，因为所居之地蔚秀园，过去被称为"萃锦园"，锦绣二字皆在其中，我愿终老于此。又之先生十分欣赏。临走时，他鼓励我好好读书，对外界的议论不要在意，也不要辩论，要让事实来说话，让时间来说话。我心里暖暖的。

此后，又之先生一如既往地帮助我和黄刊，我的《唐代财政史稿》（上卷）出版事好事多磨，颇费周折，又之先生很快给我写了推荐信申请出版经费，帮我渡过了出版的难关。黄刊写《陈寅恪先生史学述略稿》时，又之先生又冒雨送来精心撰写的《序》。我的《唐代财政史稿》（下卷），也是又之先生推荐，才顺利出版的。

四

又之先生家住三里河，离北大不算太远。这十几年来，只要黄刊想念老朋友了，就带我去他家。我们一般都在晚饭后去，我总说，事先打个电话吧。黄刊说，老朋友了，推门就进去，哪里用得着电话。在又之先生那间古色古香的书房里，两位老朋友倾心而谈：又之先生博学睿智，含蓄幽默；黄刊则激昂慷慨，喜怒形于色。但这两个性格截然相反的朋友，却相得益彰，相谈甚欢。我时而听他们交谈，时而插话，真正体味到其乐融融的含义。

学问永远是他们谈话的一项重要内容。记得《陈寅恪先生史学述略稿》出版后，黄刊带我去给又之先生送样书。又之先生大谈明清史，他谈到康熙的气度，又比较了明清的文字狱。不久，谈话重点集中到对陈寅恪先生学识的理解上。又之先生认为陈寅恪先生之所以提出"种族文化"学说，是因为当时中国面临着亡国灭种的危机。之后，两人又互相补充着谈起宋学，又之先生反复申论学术发展，是不断诠释的过程。翻阅《陈寅恪先生史学述略稿》，又之先生说黄刊的书中有郁结之气，对老师的感情深而且纯。黄刊认为自己对寅恪先生理解还不够深入，又之先生说，能写出这样著作就不容易。他分享着黄刊书稿完成的喜悦和快乐。他询问黄刊今后的研究计划，黄刊说准备把陈寅恪先生读两《唐书》札记笺证写完，又之先生说："你写好后，我还给你写序。"

他们也谈诗论词。记得1998年末，我和黄刊去又之先生家送我的《唐代制度史略论稿》样书，那一次三人主要谈诗词。又之先生问我喜读唐人谁的诗，我回答说："白居易。"又之先生也喜读乐天诗，于是大家就谈起《新乐府》，谈白居易叙事、属文之精妙。我还举了《井底引银瓶》的例子，"墙头马上"一段，环环相扣，字字相连，寥寥几笔，将男女主人公相恋的一幕，栩栩如生地展现出来，朗朗上口，却又如在目前。又之先生又谈白居易的心胸宽广、豁达。我背诵了白居易最有趣的《赠内》诗，最后两句是："莫对月明思往事，损君颜色减君年。"豁达又幽默，令人忍不住发笑，与杜甫"今夜鄜州月，闺中只独看。遥怜小儿女，未解忆长安"的情怀，显然别一境界，不愧"乐天"之称。又之先生甚为赞许，并要我多读白诗。人生坎坷，崎岖难料，又之先生是怕我年轻气盛，容易情绪激烈，想让我读香山诗陶冶性情，恬淡随缘。其实又之先生自己，又何尝不是壁立千仞，看尽潮起潮落，博雅温文，从容淡定呢！

他们也回忆西南联大师生趣事。又之先生说，史语所择人甚严，傅斯年每年都要在毕业生中挑选优秀学生。一次，他让姚从吾推荐。姚说，这届一个优秀的也没有。傅斯年不信，集学生亲自面谈。他问：家乡有何古迹？一学生答：家乡有一棵大树，相传为秦始皇所种。傅愤然而归，对姚从吾说："果然一个也没有！"又之先生还说到当时学者对寅恪先生极为尊重，有一次寅恪先生在楼上读书，楼下一些教师玩麻将，颇为喧哗，寅恪先生就用手杖敲击地板，瞬间楼下悄然静寂。听又之先生活泼风趣的谈话，想老辈学者风采，不禁悠然神往。

他们也说到国际国内大事，又之先生满怀爱国热情，他对祖国的关切，本之天然。他多次谈到小学生的国学教育，谈到宗教改革，忧国忧民之情，发自肺腑。他还谈到北大之美，是因为有故国乔木，绝非现在种植整齐树木、修剪整齐草坪、摆放整齐花盆所能比的。

又之先生的话，朴实无华，却又包含深厚哲理，仔细思之，意味无穷。十几年的亲聆謦欬，我从中受益无穷。

五

2002年之后，黄刊身体渐弱，他与又之先生多电话、书信来往，极少去三里河了。

2004年6月2日，我从同事处听到冯钟芸先生去世的消息。黄刊知道又之先生伉俪情笃，相敬如宾，格外为老友担心。晚上，黄刊和我匆忙赶到又之先生家。又之先生在哲嗣的搀扶下出来，他憔悴了很多，但仍打起精神和我们说话。看到黄刊挂的手杖，他告诉我要给杖头安一个托，以免和地面接触不稳而滑倒。听着老朋友一遍遍重复说话，他说黄刊思路不如以前清晰，关照我分出更多的时间照顾。最后他看着我说："你成熟了，要更加努力，也要注意身体，照顾好黄刊。"听到这话，我几乎流泪。因为那时又之先生新赋悼亡，却还在关心黄刊，关心我。他有着怎样的精神啊！

又之先生常说："长寿需要朋友。"他对外物得失，超然恬淡，不萦于怀，但对朋友，却情真意切，时刻挂心。去年年初，黄刊跌倒，轻微骨折，又之先生闻讯，立刻派人送来一封信和三盒治伤的云南白药膏。信中写道：

> 黄刊学长：得悉吾兄患外伤，十分惦念。今送上"云南白药膏"三盒，请试用。如效果显著，可来电话，我托人再购买送上。我们都过九十岁的老人，要好好保重，安度晚年。有事，可随时请锦绣同志告知，当尽力去办。老朋（友），不要客气。
>
> 敬颂
> 大安。
>
> 弟：任继愈
> 2008.1.15

这种真诚的关心，无私的帮助，令黄刊热泪盈眶。

黄刊去世后，又之先生刚做完手术出院，行动不便，但他多次给我打来电话。他坚定而平静地对我说："这种事，别人安慰是没有用的，只能自己走出来。"他一次次把话题转到学问上，问我的读书研究，反复叮咛我不要因为伤心而中断学问。我在伤痛中跋涉，在又之先生和亲人、朋友的扶助下，慢慢往前走。

春天，用青翠的新绿，用和煦的阳光，静静地演绎着自然界的复苏与更生。春草、春风带给我强烈思念的同时，也给了我把原来已经被掏空的五脏六腑又重新装进去的力量。我恢复了一些控制自己情绪的能力，就想去看望又之先生，却没想到他再次住院了。

4月21日下午，在北京医院病房内，我最后一次见到又之先生。他躺在病床上，继周先生一家陪侍在旁，听他清晰地讲着中国文化中龙凤的象征意义。我看到病房的环境，似曾相识，想到黄刊在医院的最后日子，忍不住想流泪。四年不见了，又之先生消瘦而疲惫，我心中凄然，但我认为面对一个躺在病床的老人落泪是不吉祥的，于是使劲克制着，不让眼泪流下来。又之先生没有认出我，我也说不出自己的名字，因为我怕自己一开口，就会声泪俱下。我只是静静地看着他，脑海里播放着以前一次次去他家的情景，听着他和家人的谈话，也看着护士们的出入。天黑下来，该告别了，我终于说出了请他多保重的话。和继周先生一家一起离开病房，我将心里贮满的眼泪，洒向苍茫暮色。

风雨中，又之先生走了，我感觉越来越大、越来越热闹繁华的北京，变得那么空旷。十几年来，能够和黄刊一起一次次到三里河，是多么幸运的事。那时，我们只要读书有了一点成绩，就会第一时间到又之先生家，让他分享我们的喜悦；遇到困难，也会上他那里，都会得到他全力帮助。又之先生是那样一个忠厚、睿智的长者，似乎什么苦恼都可以对他说，天塌下来的大事，他都能提出合理而切实可行的解决办法。多少次和他谈话后，我不再惧怕外界的风雨，相信只要勤奋读书，就会雨过天晴，就能迎来阳光明媚的天空。他是黄刊可以托六尺之孤、寄百里之命的挚友，是我生命中的引路人。

随着又之先生去世，1939、1940年的"宝台山子"已经全部归位。当年风华正茂的"宝台山子"，风流云散，"宝台山子"这个名词也逐渐成为历史。愿他们在天堂跟着导师继续研读，享受纯净学术之乐。

（原载《我们心中的任继愈》，中华书局，2010年）

承前启后，继绝扶衰：怀念蔡鸿生先生

2021年1月22日，我收到张小贵的微信："蔡老师最近身体很差，已在ICU月余，林老师特意指示要向您汇报。"我深感震惊。因为蔡鸿生先生一直在科研第一线，发表的文章思路清晰、新见迭出，无法想象他在重病中。我默默祈祷蔡先生能战胜病魔，转危为安，也祈盼奇迹发生。2月16日早晨，在微信群中看到蔡先生于15日去世的消息，心中伤悲，也难以置信，匆忙写一条短信发给小贵和林英："惊悉蔡鸿生先生驾鹤西去，不胜悲痛。先生得寅恪先生真传，通古今之变，治中西之学。继绝扶衰，坚守弘扬；承前启后，存义宁之一脉。斯人已逝，斯业千秋。望节哀保重。也请向林老师及蔡先生家属、弟子转达哀悼之意。"18日，小贵又发来了2014年我和蔡先生在陈寅恪先生故居中的照片，往事历历在目。先生音容犹在，却再也不能向先生拜谒请教了。

我在研究生期间读过蔡先生《突厥法初探》《论突厥事火》《唐代九姓胡贡品分析》《陈寅恪与中国突厥学》等文章，对蔡先生研究"塞表殊族之史事"①的方法和国际视

---

① 陈寅恪：《朱延丰突厥通考序》，《寒柳堂集》，上海古籍出版社，1980年，第144页。

野，心向往之。但真正走近蔡先生是在1994年以后，源于我读他和王永兴先生的通信。

20世纪末到21世纪初，王先生与师友通信频繁，来自广州的信函也很多。在这些书信中，蔡先生的信令我印象深刻。蔡先生的字潇洒大气，每次从邮箱中取信，不看信封上的落

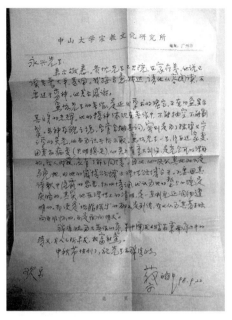

蔡鸿生先生书信，1998年9月22日

款，就知道是蔡先生写的。在信中，蔡先生和王先生畅谈学术，激扬文字，对史学著作及学界思潮直抒胸臆，时激昂慷慨，时深达幽微。蔡先生信中谈的最多的，是陈寅恪先生。对义宁之学，蔡先生有真知灼见。如在1998年9月22日的信中，蔡先生写道：

寅恪先生的著作，是近代学术的瑰宝，正在日益显示其自身的光辉。他的精神体现在著作中，不能抽空，不能割裂。去神存貌之说，尽管含糊其辞，实则是为了抹掉义宁之学的灵光，必当为识者所不取。寅恪先生一生，经历过家变、国变和病变（失明膑足），心灵上有

创伤，是完全可以理解的。后人对他，应有"了解之同情"。因此，必须认真地而不是马虎地，将他的感情领域与理性领域分开。不要因其诗歌中流露的悲苦、怀旧情调，就认为他的整个心境是灰暗的，其实，他在理性上的清明，是一直到死还洞彻透明的。即使是"燃脂暝写"的《柳如是别传》，我也认为"其基本倾向并非怀旧，而是面向明天"[①]。

这是对寅恪先生的"真了解"，足以照射"俗学"之陋。又如在1998年9月2日信中，蔡先生通篇谈寅恪先生独立精神、自由思想：

接八月八日手教多时，先生指出的问题，也时绕脑际。一句"文化遗民"，恐难概括寅老思想之全部。数十年来，寅恪先生一直坚持"守伧僧之旧义"，这个"旧义"，大有新意，其核心似乎就是"独立自由"和"中体西用"，表现出对新文化的探索和追求。

自"陈寅恪热"兴起以来（"热"是当代人的说法，寅老倒是"冷"的），有些人不是从其著作中求其精神，只是就其行事方式做文章；又有些人主张学寅老的学问就够了，似乎他的精神不合时代精神，已经落伍了。对此，我均不敢苟同。寅恪先生的精神与学问融为

[①] "其基本倾向并非怀旧，而是面向明天"，为蔡先生《"颂红妆"颂》（胡守为主编：《〈柳如是别传〉与国学研究》，浙江人民出版社，1999年）文中之语，见蔡鸿生著：《仰望陈寅恪》，中华书局，2004年，第12页。

一体，把两者割裂开来，就是肢解陈寅恪。《唐代政治史述论稿》论李商隐在牛李党争中的命运后说："深有感于士之自处，虽外来之世变纵极分歧，而内行之修谨，益不可或缺也。"这里提出的处世原则，仍有它"跨世纪"的意义。

今天，21世纪已经过去了20多年，蔡先生对寅恪先生精神风格的阐发，仍闪烁着光辉，仍可"示来者以轨则"。对寅恪先生史学渊源，王先生撰文提出宋学渊源之说，蔡先生深表赞同，在1998年5月24日信中，蔡先生说：

> 寅老重史识，非乾嘉诸老所有，于宋儒史学中求之，并非来自构想，而是得自寅恪先生著作中的"内证"。

这也为王先生的"宋学说"提供了补充。

除学术思想的讨论外，蔡先生和王先生交流分享寅恪先生的资料和研究信息。如1996年11月4日的信中，蔡先生写道：

> 我于9月底应瑞典隆德大学和英国牛津大学之邀，前往访问、交流，10月份在欧洲，前几天才回来。
>
> 在牛津大学中国学术研究所，见到《元白诗笺证稿》的初版线装一册，是寅恪先生寄赠的，上书"魏莱先生 寅恪"六字，是师母代书的手泽，睹书思人，不胜感慨。

在异国见到寅恪先生遗物，蔡先生极为珍视，特意写信告诉王先生。数十年后再读此信，仍能深切感受到跃然纸上的蔡先生对寅恪先生的深情。

王先生和蔡先生都致力于弘扬义宁之学，竭尽所能推进义宁之学研究。2000年是寅恪先生诞生110周年，王先生几年前就开始擘画，编辑"纪念寅恪先生诞辰一百一十周年丛刊"。向蔡先生约稿，蔡先生欣然应允，拟仿日本学者桑原骘藏的《蒲寿庚考》，撰写《辛押随罗事迹》。王先生筹划的丛刊共9种，但却无力支付大量出版费用。蔡先生来信安慰：

> 关于纪念寅师丛刊一事，知先生甚费心力，令人感佩。我想，成事在"天"，如难以同时推出，则也不妨分批出版。但无论如何，先生关于寅师史学渊源之专著，一定要带头于纪念之年按时间问世。拙稿屡蒙关注，但启动缓慢，愧对前辈。如分批出版，拙稿可排在最后，鱼贯登场可也。（1997年5月26日）

王先生听从了蔡先生的建议，放弃了在一个出版社以统一格式出版的计划，改将已完成的著作，在不同的出版社单独出版，王先生的《陈寅恪先生史学述略稿》即在北京大学出版社出版。虽然没收到群体推出的效应，也多少表达了学生对老师的感念之情。蔡先生则积极筹划召开纪念寅恪先生的学术会议，在1999年的信中，蔡先生多次谈到研讨会的筹办情况。3月25日，蔡先生告之："年底敝校开陈寅恪先生学术思想国际研讨会。"4月13日，蔡先生写道："学术研讨会的邀请通知，谅已寄达。十一月是广州的最佳季节，日暖风和。届时先生偕锦绣同志同来，我们一定会周到接待，并恭听教诲。"7月2日，蔡先生又写道："近日又开了一次筹备会，进一步落实十一月研讨会有关事宜，顺此报知。"11月27日至29日，"纪念陈寅恪教授国际学术研讨会"在中山大学岭南堂召开，我当时在英国，王先生由其子珠群陪同参会。会上，王先生和蔡先生多次深谈。回京前，蔡先生与林悟殊、王川到王先生居住的黑石屋话别，谈至深夜11点多。这是王先生最后一次外出开会，而黑石屋的畅谈，成为王先生难以忘怀的温暖回忆，多次和我提及。

王永兴（左）、蔡鸿生（中）、林悟殊（右）于中山大学黑石屋，1999年11月29日

王先生半世坎坷，常对浪费了最宝贵的20多年而抑郁愤慨。蔡先生同情惋叹，常加安慰。如在1999年4月13日中，蔡先生委婉写道："当年留得青山在，今日才能大放学术花。"这样情深意切的文字，让日渐老病的王先生，心情为之一舒。

蔡先生对学生关爱有加，信中也常提及其得意弟子。如1994年11月27日信中，蔡先生写道："林悟殊弟现居泰国，近作《琐罗亚斯德教与古代中国》，将在台湾出版，顺此告知。他在国内时，曾屡蒙先生指点、关照，感激之情，至今未忘。"1997年林老师回国，来京开会时驾临寒舍，回广州后，蔡先生也来信说了林老师来京的感悟。

蔡先生对我的研究也多有鼓励。1996年2月8日，蔡先生写道："《唐代财政史稿》上卷1—3册，我已从书局购得并阅读部分章节……但愿下卷早日面世，以成完璧。"蔡先生还对我的文章提出意见，并激励我有大志向，潜心治学。我读着这些书翰，沉浸在这纯洁得近乎透明的学术世界，感动、感激的同时，蔡先生在我心中的形象也亲切起来。

第一次亲承謦欬，在2004年。历史研究所为庆祝建所50周年，举办了一系列学术活动，其中一项是每个研究室邀请一位知名学者来做学术报告。我所在的中外关系史研究室邀请的是蔡先生。10月15日下午，蔡先生提交的论文为"唐代社会的穆姓胡客"（后收入了会议论文集《中国史研究》2005年增刊），我忝为评议。蔡先生的会议论文，是他研究中亚绿洲城邦文明的继续。与灿若星辰的康国、安国、史国胡相比，穆国胡其名不显，研究者也寥寥。蔡先生关注到穆国靠近东伊朗、波斯化高、衔接粟特与伊朗的特点，结合史籍和出土文物，考释了杜环《经行记》中穆国的记载，勾稽了7—10世纪的史籍文书中出现的穆姓胡客，描绘了穆国的历史面貌和穆姓胡客在唐代社会的活动，并进而对中国粟特学研究发展方向提出高屋建瓴的设计。蔡先生的论文非常精彩，显示了蔡先生治学的深厚功力和中西兼通的造诣。杜环《经行记》学者多耳熟能详，但蔡先生的考释独辟蹊径，大量使用中亚考古出土文物资料，令人耳目一新。我最惊叹的是对"画缸"的考释，蔡先生指出这是双耳彩绘陶罐，举出了土库曼斯坦盖乌卡拉佛寺遗址出土这种高46厘米的陶罐，器身描绘了骑猎、欢宴、卧病和入殓图案。当时还没有投影仪等电子设备，蔡先生将布罗金娜主编的《早期中世纪的中亚》一书带到了会场，给我们展示了"画缸"的图版，让人印象深刻。在展示图像之后，蔡先生继续提出这种陶罐的生产问题，指出盖乌卡拉佛寺遗址有陶窑14座，可见其陶器生产颇有规模，能够满足当地居民每岁相献之需。资料发掘到这里，对《经行记》的注释可称完善了。接着，蔡先生展示其钩沉索引之功，蔡先生并没有用电子检索（当时也不完备），而是通过研读史籍、笔记、诗文和出土文书，辑录了10个穆姓胡客的在唐行迹，并对每一个胡客的社会活动进行了概述、评议。这种评议文字并不多，寥寥数笔，画龙点睛。如通过穆昭嗣被称为"波斯"，指出唐人心目中的"波斯"，"无非是类型化的独特概念而已"；在穆刀绫条，指出在唐代的"优语"，往往是政治性笑话等，都是隽永清新的史实。对我最有启发的是通过穆沙诺"以献为名"被留宿卫一事，揭示唐后期"西域朝贡酋长及安西、北庭校吏岁集京师者数千人，陇右既陷，不得归，皆仰鸿胪礼宾，月四万缗，凡四十年，名田养子孙如编民"，穆沙诺也是这类"胡客"而已。先生以小见大的论述，使我重新思考贞元时的李泌改革，也对唐代的朝贡制度有了更深一层的理解。但蔡先生并没有停留在这些考论上，他还提出了胡裔和胡族的概念区分，并就如何深入研究九姓胡历史文化，贡献了自己的思考：其一是时间上移，由隋唐上溯到北齐和北周，从长时段考察商胡贩客的活动；其二是地域向西，把阿姆河外的胡姓城邦及其与"行国"（游牧民族）的关系纳入视野之内。这种长时段、广地域、多文明的研究视角，对进一步研究中古胡汉关系指明了方向，在历史学"碎片化"的今天，更有振聋发聩的意义。

会后，在简陋拥挤的中外关系史研究室，蔡先生与室内同仁进行了座谈。刚享受了一场学术盛宴的同仁纷纷发言，赞誉蔡先生的研究视野、外语能力和二重证据法，但蔡先生将话题转向义宁之学，他说自己对历史现象进行网络式理解，是受寅恪先生《唐代政治史述论稿》和《隋唐制度渊源略论稿》的影响，一再嘱咐我们要反复研读寅恪先生的书。他还介绍了中山大学历史系学生将三联书店新出版《陈寅恪集》与上海古籍出版社出的《陈寅恪文集》对读并校勘的方法，令我感到义宁之学就是这样通过蔡先生对学生的精心培养，而传承了下来。室内同仁聆听蔡先生讲论，如沐春风。

聆教的时间总是过得很快。天黑下来，我因照顾王先生，不得不回家，只好将招待蔡先生的事，交给了从近代史所赶来的陈开科老师。蔡先生从广州来京，我却没能尽地主之谊，而且由于上午在北大上课，下午才匆匆赶到所里拜谒先生，没能迎谒也没能拜送，甚为失礼，心中耿耿不安。但蔡先生却理解宽容，谆谆嘱咐我一定照顾好王先生。之后陈开科老师还告诉我，晚餐时蔡先生几次叮嘱他，让他在京，一定要多帮助我。

2008年，王先生去世，蔡先生写了怀念王先生的纪念文章《义宁之学的弘扬者》，情真意切，令人动容。我为王先生编撰年谱，蔡先生给予鼓励，并表示如果需要帮助，他和学生一定尽力。当时蔡先生不使用电子邮件，我托林悟殊老师将编好的年谱转给蔡先生，蔡先生提出两条中肯意见，让我把有些文字删去，免人为难。蔡先生这两条建议，言人所不能，令我感慨久之，我再一次感受到先生的真诚和与人为善。

第二次拜谒先生在2010年。12月下旬，我去暨南大学参加"国际视野下的中西交通史研究"学术研讨会——暨《朱杰勤文集》首发式。22日，大会开幕，蔡先生做了"朱杰勤先生的治学与朴素"的主旨发言，在概括朱先生开拓创新、勤奋治学之后，指出朱先生的本质就是朴素，与当下的"泡沫史学"形成鲜明对比。其实"朴素"，也是蔡先生的本质，蔡先生正是具有返璞归真的精神，才能对朱先生为人、治学体会至深，达其三昧。

24日上午，伍宇星带我来到心念已久的康乐园。蔡先生和殷小平、黄佳欣已等待在陈寅恪故居前。蔡先生带我看寅

蔡鸿生先生（右）与伍宇星（中）、李锦绣（左）在陈寅恪故居，
2010年12月24日

恪先生的手记，为我讲寅恪先生故居的建立、海内外的义宁
之学研究。

　　接着，蔡先生带我走进寅恪先生上课的教室，为我讲解
寅恪先生上课的情景。他告诉我寅恪先生从哪里出来，坐在
哪里，如何上课。听着蔡先生娓娓而谈，我的心激动又平
静，仿佛穿越到几十年前的时代。这个场景我在脑海中幻想
了多年，这里的桌椅和蔡先生的声音将我脑中的镜像一笔笔
画实。我们一起坐在学生听课的椅子上，时光仿佛已经停
滞，我们就像陈寅恪先生课的学生，一起倾听寅恪先生的讲
述，感受大师的学术世界，接受义宁之学的洗礼。感谢殷小
平和黄佳欣为我们留下了珍贵的影像，尤其是佳欣还将我们
听课的照片设计成黑白的，染上了浓浓的岁月痕迹，也在我

脑海里定格为永恒。

　　走出教室，我们流连在院子中。这是我魂牵梦萦的地方，是寅恪先生最后的眠食之地。那条白色的小路，那些繁茂的树木，那方小小的草坪，还铭证着寅恪先生对华夏民族文化复兴的信念，对独立之精神、自由之思想的身体力行及不屈抗争。寅恪先生曾断言：华夏民族之文化"后渐衰微，终必复振。譬诸冬季之树木，虽已凋落，而本根未死，阳春气暖，萌芽日长，及至盛夏，枝叶扶疏，亭亭如车盖，又可

蔡鸿生先生（左）与李锦绣（中）、伍宇星（右）在陈寅恪故居，2010年12月24日

蔡鸿生先生（左）与李锦绣在陈寅恪故居前，2010年12月24日

庇荫百十人矣"①。由于蔡先生等寅恪先生弟子的坚守，寅恪先生的道德文章依然在这里传承，义宁之学也有望"枝叶扶疏"了。

　　蔡先生又带我们来到永芳堂，和林悟殊、章文钦和江滢河老师与历史系中外关系史专业学生座谈。后来林老师来信告诉我，这次座谈是蔡先生亲自安排的。章文钦老师和我谈了戴裔煊先生的学问、人品。林悟殊老师则心心念念在三夷教研究。我也向蔡先生和各位老师汇报了编辑《丝瓷之路：古代中外关系史研究》及《欧亚学刊》国际版、英文版的计划，蔡老师鼓励我们把英文版编下去，并对研究室将研究范

────────────

①陈寅恪：《邓广铭宋史职官志考证序》，《金明馆丛稿二编》，上海古籍出版社，1980年，第245页。

围扩展到海路表示赞赏，举了很多例子说明海上丝绸之路研究的意义，也鼓励我们在研究领域及研究方法上进行创新。蔡先生在中亚绿洲、草原游牧文明研究的同时，对海洋文明也有开拓研究。2018年，蔡先生出版了《广州海事录》一书，就展示了蔡先生对海上丝绸之路的真知灼见。因此说到海洋文明，蔡先生就滔滔不绝起来。

中午，蔡先生赐饭，蔡先生仍谈学术研究问题，对新出土文献及考古成果如数家珍，新见妙解，使人神往。蔡先生还幽默地说自己现在是"抱书"而不是"抱孙"，也惦念着年轻一辈的读书学习和学术研究，对张小贵在德国的学习非常满意，说：小贵最近波斯语考试，只有一个单词错了一

蔡鸿生先生与中山大学历史系师生及李锦绣在永芳堂，2010年12月24日。左起：蔡香玉、章文钦、林悟殊、李锦绣、蔡鸿生、伍宇星、江滢河、殷小平、张淑琼、高锡全

点，其余全对，考得最好！自豪之情，溢于言表。不只是对小贵，蔡先生对向学的学生都殷勤指导，关怀备至。《丝瓷之路》第一辑中，有殷小平的《元代也里可温的历史分布》一文，小平多次提到根据蔡老师的意见修改。可能中山大学所有中外关系史方向的学生，他们的论文从选题到构思、撰写等都得到蔡先生的指导，而由蔡先生把关，学生们才有自信在这一领域冲锋陷阵。也正是通过这样的指导和培养，义宁之学一脉才能在这里传承下来。席间，我思索着蔡先生提出的问题，感受着蔡先生的人格魅力，竟然忘记吃了些什么，以至于回到暨南大学时，陈高华先生问我午饭有哪些菜，我竟不知所云，一个也答不上来。

西晋永嘉之乱后，以刘昞为代表的河西诸儒讲学不辍，保存文化，陈寅恪先生在《隋唐制度渊源略论稿》中称其"承前启后，继绝扶衰"[1]，在河西一隅保存汉代中原之文化学术，使之"经历东汉末、西晋大乱及北朝扰攘之长期，能不失坠，卒得辗转灌输，加入隋唐统一混合之文化，蔚然为独立之一源，继前启后，实吾国文化史之一大业"[2]，其功甚伟。蔡鸿生先生也有存续义宁之学之功。蔡先生是德学双馨的学人。他虽自谦为"对陈寅恪先生，我只有受业一年之缘，既非'入室弟子'，也无'教外别传'……我呢？顶多只是'后世相思'而已"[3]，但实际上，蔡先生不仅是寅恪先生的"后学相知"，还是义宁之学的继承者、弘扬者。寅

①陈寅恪：《隋唐制度渊源略论稿》，上海古籍出版社，1963年，第41页。
②陈寅恪：《隋唐制度渊源略论稿》，上海古籍出版社，1963年，第19页。
③蔡鸿生：《仰望陈寅恪》，中华书局，2004年，第3页。

恪先生故居虽然人去楼空，但寅恪先生学术精神仍在康乐园传承不辍，蔡先生及寅恪先生弟子艰苦卓绝的"承前启后，继绝扶衰"之功，不可磨灭。

此文即将完稿时，收到了江滢河老师惠赠的《广州与海洋文明》III，是书由江滢河、周湘主编，作者大多是中山大学历史系中外关系史方向的研究生，展示了康乐园几代学人的薪火相传。这些学生在蔡先生所开拓的广州口岸与贸易、社会、文化史研究领域，实实在在地精耕细作，蔡先生的学术视野和学术方法，得到切切实实的继承和推进。编者后记中说："蔡先生毕生以史学为志业，其学术精神和学人品格将永远激励后学，成为我们求索道路上巨大的精神力量。"①林英曾和我说："蔡老师是幸福的，一辈子在中大教书育人，得到全系师生爱戴。"蔡先生终其一生，念兹在兹，以弘扬义宁之学为己任，勤奋治学，教书育人。这不只是蔡先生一人之幸，更是中大学生之幸、义宁之学之幸！蔡先生，安息吧！

（原载林悟殊主编：《脱俗求真：蔡鸿生教授九十诞辰纪念文集》，广东人民出版社，2022年）

————————

① 江滢河、周湘主编：《广州与海洋文明》III，中西书局，2022年，第348页。

徐弛《声闻荒外：巴彦诺尔唐墓与铁勒考古研究》序

徐弛在新作《声闻荒外：巴彦诺尔唐墓与铁勒考古研究》即将付梓之际，索序于我。这本书是在他的博士论文《唐代羁縻体制与草原丝绸之路：蒙古国巴彦诺尔壁画墓的文化意涵》基础上修订而成的，作为他读博期间的指导老师，我义不容辞，于是欣然命笔。

徐弛2017年9月来到中国社科院研究生院历史系。作为研究中外关系史的学生，他在广泛读书、勤奋思考的同时，还学习了多种外语。但这远不是徐弛博士生活的全部。徐弛最大的特点是读万卷书、行万里路，甚至可以说是读千卷书，行十万里路。在读大学和研究生期间，他的足迹已遍布亚洲、欧洲。读博之后，他参加了历史所中外关系史研究室的"丝绸之路上的古文明"调研，实地考察了中国新疆、甘肃、青海等丝绸之路历史遗迹；参加了"寻找黑沙城"调研，主要考察了内蒙古、山西、陕西的游牧民族遗迹。他自己还去了宁夏、河北、河南、山东、辽宁及江南等地。在国外，他去了乌兹别克斯坦、伊朗、土耳其、印度、吉尔吉斯斯坦，俄罗斯布里亚特、哈卡斯、图瓦和阿勒泰共和国，还有他研究的巴彦诺尔壁画墓所在地——蒙古。在国内外，他流连忘返于博物馆及历史遗址，结合自己的研究，辛勤搜集资料，进行学术积累，从某种程度上说，他的这部专著，就是他十余年坚持学术考察的结果。

徐弛硕士就读于暨南大学历史系。受暨大学术氛围的熏陶，尤其是张小贵老师的影响，他对中亚情有独钟，加之对图像资料的深厚积累和深刻感悟，他在粟特、波斯历史文化领域选一个课题写博士论文，似乎是水到渠成的事。但他并没有把自己局限在粟特名物研究中，而是将视野投向更广阔领域，扩展到欧亚的草原丝绸之路。

2011年，蒙古国科学院历史研究所与哈萨克斯坦欧亚大学联合考古队，在蒙古国布尔干省巴彦诺尔苏木发掘了一座未经扰动的大型壁画墓。该墓按唐墓规制建造，有唐代风格的壁画40余幅，出土陶俑、木俑141件，萨珊银币仿制品、拜占庭金币及仿制品共40余枚，各式金属器具400余件。该墓葬包含了大量的文化交流因素，对研究草原丝绸之路和唐朝与漠北诸族的关系具有重要意义，一经发现，即引起轰动，长时间以来，成为新的热点问题。

我对蒙古国布尔干省的巴彦诺尔壁画墓一直较为关注。2011年8月12日至20日，我去蒙古国参加了土耳其语言学会在乌兰巴托举办的"突厥文化的发展：突厥起源和碑铭时代"国际学术讨论会（International Conference on Stages of Development of Turkic Culture: The Beginnings and the Era of Inscriptions）。会上蒙古国考古学者公布了在土拉河南发现的"大唐金微都督仆固府君墓志铭"，哈萨克斯坦考古学者也介绍了正在进行的巴彦诺尔壁画墓发掘情况。不久，我就收到了参加发掘的哈萨克斯坦学者寄来的一篇英文介绍，但他们把此墓界定为突厥墓葬，我不敢苟同。2014年，萨仁毕力格翻译了蒙古国游牧文化研究国际学院阿·敖其尔、蒙古国科技大学勒·额尔敦宝力道合著的《蒙古国布尔干省巴彦诺尔突厥壁画墓的发掘》一文（《草原文物》2014年第1期），巴彦诺尔壁画墓走进中国学者的研究视野。林英、萨仁毕力格、郭云艳、李丹婕等对墓主人的族属、出土钱币和葬俗进行了分析研究，而欧美、日韩、中亚国家学者掀起的对此墓考古文物及历史文化研究热潮，已蔚为大观。2017年9月我去乌兰巴托参加蒙古国立大学历史系举办的"新世纪伊始的蒙古历史撰写：问题和趋势"国际学术研讨会，在蒙古国立博物馆买到刚刚出版的《古代游牧人的文化古迹》（A. Очир, Л. Эрдэнэболд, Эртний Нүүдэлчдийн Урлагийн Дурсгал, Улаанбаатар, 2017）一书，如获至珍。这部书作为"蒙古考古文物"系列之七，以蒙古文、英文对照的方式，详细介绍了巴彦诺尔壁画墓，此墓出土的壁画和文物，都有较为全面、清晰的图录。有了这本图录和2013年出版的蒙古文《古代游牧民族大型墓葬发掘与研究：布尔干省巴彦诺尔苏木乌兰和日木希润本布格尔遗址发掘报告》（А. Очир, Л. Эрдэнэболд, С. Харжаубай, Х. Жантегин: Эртний Нүүдэлчдийн Бунхант Булшны Малтлага Судалгаа: Булган Аймгийн Баяннуур Сүмын Улаан Хэрмийн Шороон Бумбагарын Малтлагын Тайлан, Улаанбаарар, 2013），我认为中国学者全面研究这一墓葬及出土文物的资料已经基本齐备了。

李锦绣与徐弛在蒙古国成吉思汗博物馆巴彦诺尔墓壁画前，2023年7月19日

考虑徐弛的特长，尤其是他对图像、文物广泛了解和高度敏感的特点，我把这本书带给徐弛。经过研读和思考后，他确定了这一选题。

巴彦诺尔墓及出土文物研究，是国际前沿课题，其意义不言而喻。但对其进行研究，难度很大。原因有三：

一、由于墓葬所在地在蒙古国，发掘报告也以蒙古文发表，蒙古、日本、美国、俄罗斯、哈萨克斯坦等学者均着先鞭，我国学者则相对滞后。巴彦诺尔壁画墓在国际上受到高度关注，其主要研究成果的语言有蒙古文、英文、俄文、日文、韩文、中文等，涉及多个国家，多个语种，搜集不易，研读更难。但如不充分利用这些成果，闭门造车，则无法和国际接轨。

二、本课题的研究对象是巴彦诺尔墓和出土文物，这是偏考古学的课题，需要将考古、文献和图像学方法结合起来，需要研究者同时具有考古、文献和图像学的基础和多方法的研究能力。

三、巴彦诺尔壁画墓地点在蒙古国，其墓葬形制是唐朝式的，出土文物有中原、漠北、中亚和地中海文化因素，涉及领域广阔，需要研究者有广博的知识积累，才能发现问题并解决问题。

徐弛迎难而上，他详细搜集并深入研读国内外研究成果，总结其得失。在此基础上，发挥中国学者的学术优势，将考古文物及实地考察与历史文献紧密结合起来，从唐代羁縻体制与草原丝绸之路经贸文化交流的角度，对巴彦诺尔壁画墓及出土文物进行了系统阐发，对墓主人和墓葬性质的界定、列戟图壁画与唐羁縻体制的关系、钱币与草原丝绸之路等问题均提出创新之见，实实在在地推进了相关研究的进展。2020年4月，当他交给我论文初稿时，我欣喜地看到，他已完成了从中亚到欧亚草原的转变，从历史到考古的跨越。

之后，徐弛进入中国人民大学博士后流动站，在魏坚老师的指导下，进一步提升自己，补充考古训练的缺环，并见缝插针地去考察遗址，力求文献、文物并用，考古、历史兼通，并更广泛搜集漠北考古资料，将唐羁縻府州时期的城址、题记、出土文物等逐一分析研究，更丰富细致地展示这一时期漠北的历史面貌，也完成了从博士论文到这部专著的修订。

本书是中国学者第一次对巴彦诺尔大型壁画墓进行的全面研究。徐弛图文并茂地展示了唐羁縻体制下对漠北的管理及漠北与中原、中亚、欧亚草原和地中海世界的经济文化交流，为隋唐时期北方民族史、草原丝绸之路等领域的研究提供新的史料与辽阔视野，在图像证史方面也取得了一些成就。我欣慰地看到这株学术幼苗破土而出，虽然还未长成参天大树，甚至还有些稚嫩，但其迎着阳光，勃勃向上，满是生机和活力。

五年的时光也长也短。在这五年里，徐弛从一个永远带着微笑、对博物馆文物展览一腔热情的少年，日渐成熟。他思如泉涌，以往行万里路的积累也有融会贯通之势，而考古、文献和图像学相结合的研究方法，中原、漠北、中亚和地中海文化相结合的研究视角，必将让他在今后的研究中如虎添翼。在徐弛走上西北大学工作岗位之际，我希望他的思考和写作，不要因学生阶段结束而中断；学术热情，不要因年龄增长而消退；而探索的足迹，不要因生活的沉重而停止。衷心祝愿他在学术研究之路上，走得更稳，更远！

回忆这五年的时光，我想对徐弛说的是，感谢你带给我这么多的惊喜！广袤的内陆欧亚，天宽地阔，有无数风景，也有众多的遗址、遗迹和谜团，愿你在其中纵横驰骋，一往无前，继续不断带给我们惊喜！

是为序。

（原载徐弛：《声闻荒外：巴彦诺尔唐墓与铁勒考古研究》，社科文献出版社，2023年）

后　记

这本书的编辑出版，端赖刘进宝先生的督促与帮助。

进宝先生主编"雅学堂丛书"，颇受佳评。第一辑出版后，约稿于我。我生性疏懒，这些文字多应催而写，不成体系，本无结集之意。但进宝先生多次相约，并为我擘画，对选文也细致建议，令我感动。盛情难却，于是我整理旧文，编辑了这本小书。

本书分四部分。第一部分为应期刊、报纸之约所写的普及文章和书评，内容涉及唐史、敦煌学及中外关系史，是我在这些领域跋涉所留下的零星印记。2003年12月，在中国社会科学院历史研究所（今古代史研究所）工作的我经历了人生一重要转变，即调入中外关系史研究室，本书的第二部分就是在中外关系史研究室时期撰写的文字，大量的编辑和各种活动让我勉为其难，但箭在弦上，我保留了这些文体不一的小文，不想辜负研究室创立以来，孙毓棠等老先生的苦心孤诣和研究室同仁竭尽所能的努力。第三部分是外子王永兴先生去世后我的回忆文字及编辑其遗著的文跋，思念与回忆是人生的一部分，相信有些感情可以穿越生死悬隔。第四部分是怀念诸师及购书所感，将为徐弛之书所作序文放在最后，寄希望于未来。

本书的一些文章写得较早，没有电子文本，感谢徐弛、于柏川帮助扫描识别。同时，还要感谢余太山先生为本书编选给予的意见和建议，感谢黄佳欣提供照片。最后，感谢上官婧琦为本书取名，"半枰小草"，深获我心。

2023年12月14日